La violación de Nankín

La masacre de Nankín ocurrida durante la segunda guerra sino-japonesa

© Copyright 2021

Todos los derechos reservados. Ninguna parte de este libro puede ser reproducida de ninguna forma sin el permiso escrito del autor. Los revisores pueden citar breves pasajes en las reseñas.

Descargo de responsabilidad: Ninguna parte de esta publicación puede ser reproducida o transmitida de ninguna forma o por ningún medio, mecánico o electrónico, incluyendo fotocopias o grabaciones, o por ningún sistema de almacenamiento y recuperación de información, o transmitida por correo electrónico sin permiso escrito del editor.

Si bien se ha hecho todo lo posible por verificar la información proporcionada en esta publicación, ni el autor ni el editor asumen responsabilidad alguna por los errores, omisiones o interpretaciones contrarias al tema aquí tratado.

Este libro es solo para fines de entretenimiento. Las opiniones expresadas son únicamente las del autor y no deben tomarse como instrucciones u órdenes de expertos. El lector es responsable de sus propias acciones.

La adhesión a todas las leyes y regulaciones aplicables, incluyendo las leyes internacionales, federales, estatales y locales que rigen la concesión de licencias profesionales, las prácticas comerciales, la publicidad y todos los demás aspectos de la realización de negocios en los EE. UU., Canadá, Reino Unido o cualquier otra jurisdicción es responsabilidad exclusiva del comprador o del lector.

Ni el autor ni el editor asumen responsabilidad alguna en nombre del comprador o lector de estos materiales. Cualquier desaire percibido de cualquier individuo u organización es puramente involuntario.

Índice

INTRODUCCIÓN 1

CAPÍTULO 1 - UNA BREVE HISTORIA DE LAS RELACIONES CHINO-JAPONESAS 4

    LA PRIMERA GUERRA SINO-JAPONESA.. 5

    RELACIONES TRAS LA GUERRA.. 8

CAPÍTULO 2 - BREVE HISTORIA DE NANKÍN 12

CAPÍTULO 3 - LA INVASIÓN DE CHINA POR PARTE DE JAPÓN...........18

    CONTROL JAPONÉS DE MANCHURIA 18

    INICIO DE LA SEGUNDA GUERRA SINO-JAPONESA: EL INCIDENTE DEL PUENTE DE MARCO POLO 20

    SANKO-SAKUSEN: LA PLANIFICACIÓN DE LA INVASIÓN DE NANKÍN Y LA POLÍTICA DE LOS TRES ALIADOS... 22

CAPÍTULO 4 - LA SEGUNDA BATALLA DE SHANGHÁI Y EL AUMENTO DE LA FRUSTRACIÓN Y EL RESENTIMIENTO HACIA LOS CHINOS 25

    SIN BUENAS OPCIONES 25

    ATAQUE A SHANGHÁI.. 26

    LOS TESTIGOS OCCIDENTALES DE LA BATALLA................................. 29

    UN INDICIO DE LOS HORRORES QUE VENDRÍAN 30

CAPÍTULO 5 - CRÍMENES DE GUERRA COMETIDOS EN EL CAMINO A NANKÍN 33

HISTORIAS DE UNA COMPETENCIA DESPIADADA 34

EL CÓDIGO DEL GUERRERO Y EL ADOCTRINAMIENTO 35

CAPÍTULO 6 - LA ORDEN DE MATAR 38

CAPÍTULO 7 - LA DEFENSA DE LO IMPOSIBLE 41

INTENTO DE RESISTENCIA ENTRE LAS CIUDADES 41

LA LUCHA POR EL PODER CHINO 42

CAPÍTULO 8 - LA DESORGANIZACIÓN DE NANKÍN Y LOS PREPARATIVOS FALLIDOS 45

LOS CUESTIONABLES PREPARATIVOS DE NANKÍN 46

COMPARACIÓN ENTRE SHANGHÁI Y NANKÍN 47

CAPÍTULO 9 - LA CAÍDA DE NANKÍN 50

LA RETIRADA DE LOS SOLDADOS CHINOS 50

LAS CONVENCIONES DE LA HAYA Y GINEBRA: POR QUÉ LOS CIUDADANOS DEBERÍAN HABER ESTADO A SALVO 52

LA CIUDAD RODEADA 54

ÓRDENES DEL COMANDANTE MATSUI 55

CAPÍTULO 10 - UN CONCURSO DE MATANZA Y LA EJECUCIÓN DE PRISIONEROS DE GUERRA CHINOS 57

CAPÍTULO 11 - LA VIOLACIÓN DE DECENAS DE MILES DE PERSONAS 62

CAPÍTULO 12 - ASESINATOS EN MASA Y PROFANACIÓN DE LOS MUERTOS 66

CAPÍTULO 13 - ROBO DE OBJETOS DE VALOR Y DESTRUCCIÓN DE LA CIUDAD 70

CAPÍTULO 14 - LOS INFORMES DE LAS VIOLACIONES Y ATROCIDADES LLEGAN A LOS GENERALES Y COMIENZAN LAS INVESTIGACIONES 73

EL RECUENTO DE LOS HECHOS DESDE LA ZONA DE SEGURIDAD DE NANKÍN 73

LA REACCIÓN DEL ALTO MANDO 76

COMIENZA LA PRIMERA INVESTIGACIÓN 77

CAPÍTULO 15 - LA DECLARACIÓN DEL RESTABLECIMIENTO DEL ORDEN 79

CAPÍTULO 16 - WANG JINGWEI, EL GOBIERNO TÍTERE Y EL FINAL DE LA GUERRA 82

BREVE HISTORIA DE WANG JINGWEI 82

Japón pierde el control al caer Alemania 85
CAPÍTULO 17 - EL TRIBUNAL DE CRÍMENES DE GUERRA DE NANKÍN Y LA VIDA DE JOHN RABE TRAS LOS SUCESOS DE NANKÍN 91
Documentación de las atrocidades 92
El Tribunal Militar Internacional para el Lejano Oriente: Determinación de los responsables 93
John Rabe 96
CAPÍTULO 18 - LA SALA CONMEMORATIVA DE LAS VÍCTIMAS EN NANKÍN 98
CAPÍTULO 19 - CÓMO SE INFORMÓ DE LAS ATROCIDADES Y LAS CONTROVERSIAS RESULTANTES 101
Cómo informó Estados Unidos de la violación de Nankín 101
Cómo informó Japón de los sucesos de Nankín 103
El reconocimiento japonés de sus crímenes 104
Controversias 105
CONCLUSIÓN..108
VEA MÁS LIBROS ESCRITOS POR CAPTIVATING HISTORY 110
BIBLIOGRAFÍA...111

Introducción

La Violación de Nankín, también conocida como la Masacre de Nankín o la Masacre de Nanjing, fue una de las atrocidades más horribles de la Segunda Guerra Mundial, y fue perpetrada por los japoneses contra el pueblo de China que vivía en la capital, Nankín. Aunque que la mayoría de la gente ha oído hablar del Holocausto, la historia de las atrocidades perpetradas en Oriente es mucho menos conocida y no suele tratarse en las escuelas. Al igual que en el Holocausto, las vidas de los ciudadanos fueron completamente despreciadas mientras los militares japoneses invasores las utilizaban para una amplia gama de acciones poco éticas. Entre las actividades de las que se tiene constancia se incluyen experimentos y competiciones, en las que los miembros de los japoneses veían quién podía matar a más personas más rápidamente.

A diferencia del Holocausto, la Masacre de Nankín solo duró seis semanas, a partir del día en que los japoneses invadieron la capital, el 13 de diciembre de 1937. No se sabe exactamente cuántas personas fueron asesinadas durante ese tiempo, pero las estimaciones oscilan entre 40.000 combatientes y civiles desarmados, hasta más de 300.000. Los invasores también agredieron sexualmente a sus víctimas. Al igual que los nazis, los japoneses también robaron a sus víctimas, dejando en la capital objetos de valor y obras de arte de incalculable valor.

Al igual que en el Holocausto, es difícil saber exactamente lo que ocurrió. Durante el periodo de aproximadamente seis semanas, los documentos fueron conservados por personas que estaban en la ciudad en ese momento, así como por periodistas japoneses. Sin embargo, muchos de los documentos fueron clasificados como secretos por el gobierno japonés y almacenados para que las atrocidades no fueran muy conocidas por el pueblo japonés. Sin embargo, no pudieron guardar otros documentos escritos por los chinos y los occidentales, por lo que se corrió la voz en el resto del mundo sobre lo ocurrido. Antes de su rendición final, los militares japoneses destruyeron la mayor parte de la documentación que habían conservado sobre lo sucedido, lo que hace imposible saber exactamente cuántas personas fueron asesinadas.

Aunque es fácil comparar la Violación de Nankín con el Holocausto, también existen muchas diferencias notables, sobre todo en cuanto a lo que se sabe. Una de las razones por las que se sabe tanto sobre el Holocausto es que los aliados entraron en los campos de concentración y vieron los horrores que se habían perpetrado contra las personas que estaban encarceladas en ellos. Hubo supervivientes que pudieron contar a los liberadores aliados cómo habían sido tratados más allá de la evidente inanición. La gente sobrevivió a los horrores de la Violación de Nankín, pero habían pasado más de siete años desde los acontecimientos de la atrocidad, por lo que la mayoría de las pruebas de los horrores ya habían sido destruidas. Muchos supervivientes tampoco estaban dispuestos a revivir la experiencia. Además, los que estaban dispuestos a hablar de ello no tenían el tipo de detalles que la gente quería saber, como por ejemplo cuántas personas fueron masacradas.

Otra razón por la que no se sabe tanto sobre las seis semanas de horror se debe a que la Guerra Fría comenzó casi tan pronto como terminó la Segunda Guerra Mundial. A los EE. UU. se les había dado el control de la ayuda a la reconstrucción de Japón, y se enteraron de algunas de las atrocidades. Sin embargo, estaban más preocupados por las posibles amenazas de las naciones comunistas que por profundizar en la atrocidad. La guerra civil china se reanudó una vez terminada la Segunda Guerra Mundial, pero independientemente del bando que ganara, la nación iba a ser comunista. En lugar de buscar justicia por las atrocidades cometidas casi una década antes, Estados Unidos se centró en construir Japón para que no cayera ante la potencial amenaza del comunismo. Eso no significa que no se exigieran responsabilidades, pero no se buscó la justicia al mismo nivel contra Japón que contra Alemania.

Al prestarse tan poca atención a la Violación de Nankín en los años posteriores, los horrores podrían haberse olvidado por completo. Sin embargo, no todo se perdió cuando los militares japoneses destruyeron gran parte de su documentación. Todavía se conservan muchas imágenes de los militares realizando actos horribles y de la carnicería que dejaron en las playas y en la ciudad.

La guerra siempre ha provocado atrocidades, pero en los últimos cien años, el registro y la tecnología han facilitado la comprensión del alcance de los horrores que puede causar la guerra. Los sucesos de la Violación de Nankín siguen siendo un punto de discordia entre Japón y China. Los chinos suelen considerar que las disculpas presentadas por Japón son inadecuadas o poco sinceras. El hecho de que algunos incluso discutan el hecho de que haya sucedido, a pesar de que algunos de los japoneses que estuvieron allí lo admitieron y de las imágenes que muestran lo que sucedió, ha impedido que las naciones se recuperen o establezcan mejores relaciones.

Capítulo 1 - Una breve historia de las relaciones chino-japonesas

La relación entre China y Japón se denomina relaciones sino-japonesas en las naciones de habla inglesa. Japón es una nación insular situada al este del continente asiático principal, y ha tenido una relación única con las demás naciones continentales. China es una gran nación que constituye la mayor parte de la parte oriental del continente. Hay varias naciones pequeñas a lo largo de la frontera oriental del continente, como Corea del Norte, Corea del Sur y Vietnam. Rusia también toca el océano Pacífico, ocupando la mayor parte del norte de Asia. Todas estas naciones han mantenido relaciones cambiantes a lo largo de los siglos, lo que ha dado lugar a una historia rica y compleja.

La relación entre Japón y China siempre ha sido única. Mientras que China se ha separado y fusionado a lo largo de los siglos, Japón es una de las naciones que China nunca ha conquistado. Los conflictos entre ambas naciones han sido durante mucho tiempo un factor en sus relaciones con otros imperios y estados de la región. Sin embargo, la primera guerra sino-japonesa (1894-1895) cambió significativamente la dinámica entre las dos naciones. Debido a la Ruta de la Seda, China tenía fuertes lazos con Europa, incluida la familiaridad con su armamento. Japón había pasado por un largo periodo de aislacionismo, por lo que estaba aprendiendo sobre una tecnología totalmente nueva. Sin embargo, los japoneses se adaptaron rápidamente y, durante la breve primera guerra sino-japonesa, Japón se impuso como un país mucho más dominante que su vecino, mucho más grande.

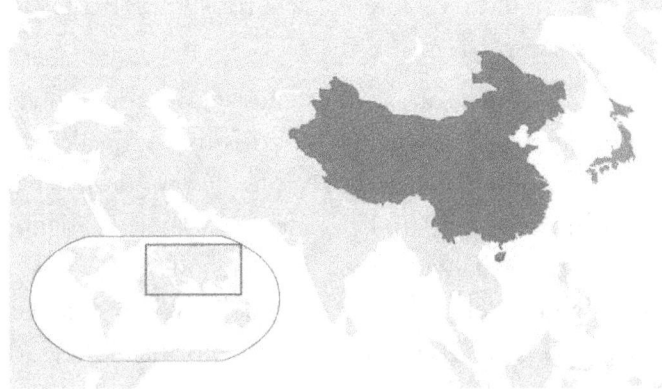

Mapa de China y Japón
(Fuente: https://commons.wikimedia.org/wiki/ File:China_Japan_Locator.png)

La primera guerra sino-japonesa

Ambas naciones habían reclamado partes de lo que hoy es Corea. China controlaba desde hacía mucho tiempo gran parte de la zona y confiaba en ella como estado cliente, sobre todo por todos sus recursos naturales, como el hierro y el carbón. Los recursos naturales de la tierra eran lo suficientemente abundantes como para atraer también la atención de Japón. Japón, una nación isleña que estaba creciendo en la tecnología de la época, buscaba comerciar con regiones que pudieran suministrarle los recursos que necesitaba para modernizar el país. Al estar Corea tan cerca y ser tan rica en recursos, la nación insular comenzó a considerar formas que le permitieran hacer uso de esos recursos. Sin embargo, el territorio estaba bajo el control de China, por lo que el comercio era muy limitado. En un esfuerzo por mejorar el comercio, Japón empezó a animar a Corea a declararse nación independiente, a partir de 1875. El objetivo principal era mejorar su propio comercio; Japón no tenía ningún interés humanitario cuando ayudó a empujar a la región a ser autosuficiente e independiente del dominio chino. Al trabajar directamente con una nueva nación en lugar de tener que hacerlo con China, Japón habría podido establecer acuerdos más beneficiosos para sus propios intereses.

Ambas naciones favorecieron a diferentes partes del gobierno coreano, con Japón apoyando a los funcionarios más radicales y con visión de futuro que querían hacer la región más moderna. China apoyaba a los funcionarios más tradicionales que querían mantener las cosas como siempre habían sido. La tensión que estas dos naciones crearon dentro del gobierno coreano empezó a afectarlo negativamente, y en 1884, el grupo que quería reformar la región, el bando alineado con los japoneses, hizo su jugada para derrocar al gobierno coreano. China tenía oficiales militares en la región, y rápidamente enviaron a sus militares para salvar al rey y apoyar a la administración. Durante la batalla que siguió, murieron algunos miembros de la legación japonesa. La única razón por la que no comenzó la guerra entre China y Japón en ese momento fue el acuerdo mutuo de retirar todas sus tropas, acuerdo que alcanzaron y firmaron en la Convención de Li-Ito.

Durante los cinco años siguientes, Japón pudo dar pasos significativos en sus esfuerzos por modernizar la nación. En 1894, los japoneses sentían un gran orgullo nacional por la rapidez con la que habían logrado sus objetivos. Este orgullo parecía haberse extendido a los jóvenes coreanos, que veían los cambios y se sentían inspirados. China reaccionó con aparente aprensión, e invitó al líder coreano del golpe de 1884, Kim Ok-gyun, a Shanghái. Una vez allí, Kim Ok-gyun fue asesinado. Su cuerpo fue devuelto y exhibido, probablemente como recordatorio a los coreanos de que aún formaban parte de China.

Japón no se tomó bien esta evidente afrenta, e incluso sus ciudadanos se enfadaron al ver cómo China había encontrado la forma de incumplir el acuerdo. China no envió a sus militares a Corea, sino que optó por atraer a una figura projaponesa de alto nivel y asesinarla. Ese mismo año comenzó la rebelión de Tonghak, por lo que el rey coreano pidió ayuda a China para sofocarla. Cuando China accedió, Japón lo consideró una violación de la Convención de Li-Ito. Enviaron ocho mil de sus propias tropas. China respondió entonces enviando más tropas en el vapor británico *Kowshing*, que los japoneses hundieron. La guerra era inevitable, y se declaró oficialmente el 1 de agosto de 1894. La mayor parte del mundo esperaba que China derrotara fácilmente a Japón. Llevaban mucho más tiempo modernizando su país y eran una nación mucho más grande. Sin embargo, todo el mundo subestimó el trabajo que había hecho Japón. Aunque era un país mucho más pequeño y menos poblado, estaba mejor preparado para la guerra. A principios de marzo de 1895, Japón había ganado en gran medida la guerra, ya que los japoneses ejecutaron rápidamente varias victorias abrumadoras contra China, tanto en el agua como en tierra. Habían invadido tanto Manchuria como la provincia de Shandong, dándoles puestos que les ayudaban a controlar las aguas. Esto significaba que, para los chinos, llegar a Pekín por mar era mucho más difícil, y fue un golpe que China no podía aceptar. China buscó la paz poco después, y pronto se inició el Tratado de Shimonoseki. Como resultado, Corea obtuvo su independencia, aunque tuvo que ceder la península de Liaodong, los Pescadores y Taiwán. Japón se estableció como un actor mucho más importante en el escenario mundial, habiendo logrado lo que la mayoría consideraba imposible: ejecutar fácilmente una derrota decisiva contra una China mucho más grande e históricamente más abierta.

Relaciones tras la guerra

Al ver que China podía ser derrotada, y además por una nación pequeña, las naciones europeas se animaron a presionar a China para que cambiara más. Internamente, China comenzó a buscar hacer más cosas para ser más moderna. Se introdujeron cambios en el Tratado de Shimonoseki cuando las naciones europeas empezaron a preocuparse por la expansión de Japón, y Rusia (una nación que estaba justo al otro lado de una pequeña masa de agua de Japón) desempeñó un papel importante en la presión para estos cambios. Rusia deseaba desde hacía tiempo la península que China debía ceder a Japón, y tanto Francia como Alemania consideraban que Japón era una amenaza suficiente como para justificar la cesión de esas tierras. Japón acabó vendiendo la región a Rusia, pero esta intervención de las potencias europeas provocó cierto resentimiento en Japón, especialmente entre los militares. Con el tiempo, ese resentimiento provocó el estallido de la guerra ruso-japonesa (1904-1905), que terminó con otra victoria japonesa.

A principios del siglo XX, Japón se había establecido como una nación mucho más importante en la escena mundial. La primera guerra sino-japonesa hizo que la nación insular empezara a formar su propio imperio, y la guerra ruso-japonesa ayudó a expandir aún más ese imperio. Esto inspiró a los japoneses a intentar tomar más tierras y adoptar un enfoque mucho más agresivo para aumentar su influencia.

Con estos dos grandes éxitos en el plazo de una década, empezó a crecer en Japón un sentimiento de nacionalismo y superioridad, sobre todo entre los militares. Los intelectuales y los militares empezaron a creer que esas victorias rápidas y decisivas contra dos naciones mucho más grandes y poderosas eran una señal de que estaban destinados a controlar una parte mucho mayor del mundo. El historiador Shiratori Kurakichi fue quien mejor explicó este sentimiento: «Nada en el mundo se puede comparar con la naturaleza divina de la casa imperial ni con la majestuosidad de nuestra política nacional. He aquí una gran razón de la superioridad de Japón».

Este sentimiento es increíblemente familiar para cualquiera que haya estudiado la primera mitad del siglo XX (o cualquier otro periodo de la historia que trate sobre imperios). El nacionalismo se extendía también por Europa, de forma igualmente perjudicial, lo que dio lugar al inicio de la Primera Guerra Mundial. Una serie de tragedias hizo que las naciones fueran arrastradas una a una a la guerra hasta que esta engulló todo el continente europeo. Sin embargo, debido a la construcción de imperios que las naciones europeas habían estado promulgando a lo largo de los años, naciones de todo el mundo fueron arrastradas a la lucha. Francia y Gran Bretaña fueron las principales naciones de un bando, mientras que Alemania fue la principal nación del bando contrario. Rusia no formó parte de la guerra durante mucho tiempo porque la nación cayó en una guerra civil, llamada Revolución bolchevique, que resultó en el asesinato de toda la familia real rusa.

Cuando la guerra estalló por primera vez en Europa, tanto China como Japón lo vieron como una oportunidad para eliminar la influencia europea de Asia. Como resultado, ambas naciones declararon la guerra a Alemania. China había seguido perdiendo tierras después de la primera guerra sino-japonesa, pero las pérdidas fueron a manos de naciones europeas (Francia tenía un asentamiento en Shanghái, e Inglaterra se apoderó de Hong Kong). Es probable que esperaran negociar con estas naciones después de ayudarles a vencer a Alemania. Sin embargo, China tenía otras razones para declarar la guerra a Alemania, ya que esta nación había atacado la ciudad de Qingdao en 1897 con el pretexto de buscar justicia para dos misioneros alemanes asesinados en la ciudad.

China se ofreció a ayudar a Gran Bretaña, pero la oferta fue rechazada. No sería aceptada hasta 1916, cuando el primer ministro británico trató de persuadir a la nación de que necesitaba la ayuda. Japón no tardó en pronunciarse, diciendo que no estaba de acuerdo con que China participara tan activamente en la guerra. Si China participaba con éxito, amenazaría el estatus de Japón en Asia. En un esfuerzo por evitar una guerra total con Japón, China decidió enviar personal no militar para ayudar en la lucha en Gran Bretaña, Francia y Rusia (siguieron formando parte de la guerra en una capacidad menor después de que los bolcheviques tomaran el control de la nación). El personal de apoyo ayudó en la fabricación, las reparaciones y el transporte.

Japón terminó tomando Qingdao con éxito en 1915, y luego emitió las Veintiuna exigencias a China. Este conjunto de demandas exigía que China cediera aún más tierras. Es probable que China esperara que sus esfuerzos por ayudar a Europa se tradujeran en la recuperación de algunas de las tierras perdidas.

Hacia el final de la Primera Guerra Mundial, Estados Unidos se unió finalmente al conflicto, y tenía como objetivo resolver por fin la cuestión de qué nación controlaría las zonas en disputa. China hizo finalmente su declaración de guerra contra Alemania en 1917 con la esperanza de conseguir más apoyo de Estados Unidos una vez terminada la guerra. Al final de la guerra, China contaba con el mayor contingente de trabajadores no europeos en Europa. Los chinos llevaban planificando el final de la guerra desde 1915, por lo que estaban ansiosos de que sus representantes presionaran para que el continente quedara bajo su control. Sin embargo, esas esperanzas se desvanecieron rápidamente, ya que en la Conferencia de Paz de París solo se concedieron dos puestos a China, mientras que se otorgaron cinco a Japón. La justificación fue que Japón había suministrado tropas. Las naciones europeas consideraron que las Veintiuna exigencias debían ser respetadas para resolver la reclamación de las tierras. De todas las naciones que asistieron a la Conferencia de Paz de París, China fue la única que se negó a firmar el Tratado de Versalles.

Como resultado del desaire y del rechazo percibido de su soberanía por parte de las naciones europeas y norteamericanas más poderosas, China comenzó a reevaluar su posición. En 1921, esto condujo a la formación del Partido Comunista Chino y a una larga guerra civil. Mientras China entraba en un largo período de agitación al tratar de encontrar su lugar en el mundo, Japón seguía buscando formas de apoderarse de mayores porciones de Asia continental.

Mapa de la expansión japonesa: de 1895 a 1932
(Fuente: https://apjjf.org/-Anne-Booth/2418/article.html)

Capítulo 2 - Breve historia de Nankín

Nanjing (antes más conocida como Nankín) tiene una extensa historia, por lo que es difícil saber cuántas de las historias que han sobrevivido son verdaderas y cuántas son mitos. Hay dos historias principales que se cuentan sobre la ciudad. La primera indica que Nankín tiene más de 2.600 años. El pequeño asentamiento, fundado alrededor del año 571 a. C., se convirtió en una ciudad mucho más grande a lo largo de los milenios. Cuando la gente empezó a asentarse en la zona, se agrupó en torno a Tangyi, una pequeña aldea. Hoy en día, esta se encuentra en el lado occidental de la ciudad.

La segunda historia de la fundación de la ciudad sitúa la fecha en torno al año 472 a. C. Según esta versión, el jefe de estado, Goujian, hizo construir la ciudad cerca de la zona suroeste de la actual puerta de Zhonghua. En aquella época, la ciudad era conocida como la ciudad de Yue. La construcción de la ciudad incluyó murallas para proteger a los residentes, lo que la convierte en uno de los lugares fortificados más antiguos de China. También es el lugar más antiguo de la actual Nankín (aunque ocupaba una parte mucho menor de la ciudad, ya que esta era considerablemente más pequeña hace más de dos mil años).

Es posible que ambas historias sean ciertas, con la principal diferencia de que solo era una aldea y que no se convirtió oficialmente en ciudad hasta el año 472 a. C., cuando se construyeron las murallas a su alrededor.

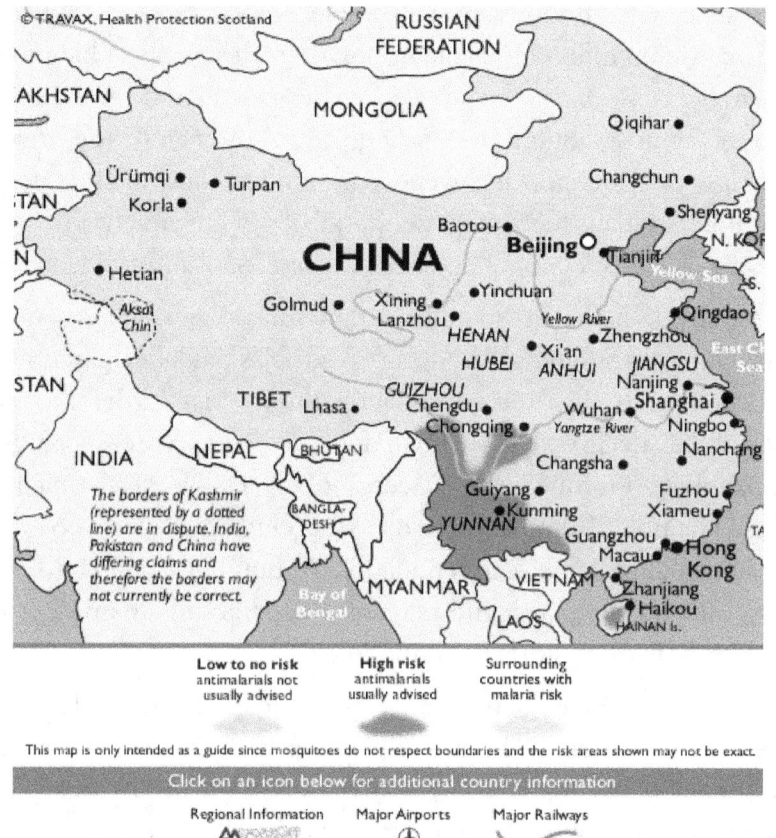

Mapa de China, incluyendo Nankín

(Fuente: https://chinachange.org/2012/02/20/an-epidemic-in-lu-chow-fu-a-glimpse-of-mission-work-in-1900s-china/)

En el año 229 de la era cristiana, el rey Sun Quan la convirtió en la capital del reino de Wu, aunque en ese momento la ciudad se llamaba Jianye. Antes de esta fecha, la capital del reino había estado en la región del río Amarillo. Como resultado del cambio, la parte sur del reino comenzó a prosperar y a cambiar, atrayendo a mucha más gente. Siguió siendo la capital del reino de Wu durante cinco dinastías chinas. Entre el 229 y el 589 d. C., el nombre se cambió de Jianye a Jiankang, aunque se desconoce cuándo se hizo oficial el cambio. Durante el tiempo en que se llamó Jiankang, se convirtió en la ciudad más grande del mundo, y probablemente fue la primera ciudad en tener más de un millón de habitantes. Durante esta época, habría sido comparable a Roma en su apogeo, y fue considerada por muchos como el centro cultural del mundo. Era un centro de muchas industrias y comercio, incluyendo la arquitectura y el comercio marítimo. También fue testigo del desarrollo y crecimiento de varias religiones asiáticas, como el budismo, el confucianismo y el taoísmo.

Después de haber prosperado durante más de trescientos años, la capital comenzó un inevitable declive; todas las ciudades pasan por la decadencia, pero fue reconstruida de nuevo más tarde. La razón principal del declive de la ciudad fue la presencia de separatistas, especialmente los que estaban cerca de la capital. La capital fue trasladada y Jinling (otro nombre dado a la ciudad) se convirtió en una prefectura (equivalente a un condado). Aunque la ciudad ya no era tan prominente, seguía siendo un centro de cultura y de eruditos que querían estudiar la historia del imperio.

Tras la división de China en el periodo llamado de las Cinco Dinastías y Diez Reinos, Jinling volvió a ser la capital, aunque solo de la región. Esta vez, se centró en la construcción de los tres pilares principales de la cultura: la agricultura, el arte y el comercio.

Cuando se estableció la dinastía Ming en 1368, la ciudad pasó a llamarse Nankín. Bajo el mandato del primer miembro de la dinastía Ming, Zhu Yuanzhang, la ciudad se convirtió en la capital de la dinastía. Aunque Nankín no estaba tan poblada como unos cientos de años antes, se convirtió en la mayor ciudad del país, con una población estimada de 700.000 habitantes. Esta vez, sin embargo, la ciudad empezó a atraer la atención de fuera del país. Los estudiantes acudían a Nankín para estudiar, sobre todo de Corea, Japón y Vietnam. Incluso después de que la capital se trasladara a la ciudad portuaria de Pekín en 1421, Nankín siguió funcionando como capital auxiliar. La población volvió a crecer y, como resultado, Nankín se convirtió en la capital más poblada del mundo. Incluso fue comparada con las naciones europeas más extravagantes por quienes viajaban entre ambos continentes.

La ciudad siguió experimentando un gran auge durante varios cientos de años, convirtiéndose en un lugar culturalmente importante para el arte y el comercio. Se convirtió en una parte importante del comercio de la seda, y también fue el escenario de una de las novelas clásicas chinas más populares, *Hong Lou Meng* (*Sueño de las mansiones rojas*).

Uno de los periodos más desgraciados para la ciudad se produjo como consecuencia de las guerras del Opio durante la dinastía Qing. La dinastía llegó a un acuerdo con Gran Bretaña llamado Tratado de Nankín. Esto parecía ser una pérdida significativa para la ciudad y China, ya que los términos establecidos en el tratado hacían de China una semicolonia de la nación europea. Daba a Gran Bretaña una mayor participación en los aranceles, la preferencia comercial y la jurisdicción consular. Se considera que este es el comienzo de la China moderna, ya que fue en esta época cuando la nación comenzó a modernizarse.

En un esfuerzo por compensar las grandes sumas de dinero que la nación había gastado durante las guerras del Opio, el gobierno chino gravó fuertemente a los ciudadanos (o quizás más exactamente para borrar los ahorros, ya que la nación se volvió más feudalista tras la firma del tratado). Esto dio lugar a guerras campesinas, ya que el pueblo se sentía agraviado por el gobierno. Durante estos disturbios, el ejército Taiping vio la oportunidad de tomar el control de Nankín. El ejército fue creado por Hong Xiuquan en 1837. Era hijo de una familia de campesinos, pero había recibido una educación clásica que le enseñó las creencias de todo el mundo. Tras no conseguir trabajo en la corte imperial, Hong enfermó y cayó en coma. Al despertar, afirmó haber tenido una visión en la que decía que era el hermano menor de Jesús y que debía guiar a la gente para establecer un "reino celestial de gran paz". Esto debía hacerse a través de la guerra contra el emperador y los que lo apoyaban, especialmente los militares. En 1853, su ejército era mucho más grande que el del emperador. Los hombres de Hong Xiuquan tomaron el control de Nankín, pero no pudieron controlarlo por mucho tiempo. La rebelión Taiping duró trece años, y cuando terminó, el ejército Taiping fue finalmente sofocado. Sin embargo, también supuso el fin de la dinastía Qing.

En 1912, China se reafirmaba en la escena mundial, habiéndose modernizado más que la mayoría de las demás naciones orientales (excepto Japón). El primer día de 1912 se formó en Nankín el Gobierno Provisional de la República de China.

Los años comprendidos entre 1927 y 1937 se consideran un periodo dorado para la ciudad, ya que fue cuando la nación estableció sus principales infraestructuras, sobre las que sigue funcionando la mayor parte de la ciudad en la actualidad. Sin embargo, fue este protagonismo, la riqueza de recursos y la importancia cultural lo que convirtió a la ciudad en un objetivo deseable para los japoneses. Con Europa ya inmersa en la guerra y Japón habiendo hecho avances en el continente asiático, los japoneses buscaban un lugar que les diera un mayor dominio en el interior, al tiempo que les ayudara a aumentar sus recursos. Los japoneses pensaron que si lograban tomar Nankín, con su impresionante infraestructura municipal, establecerían una mejor posición dentro de China. También sería un golpe importante para el dividido gobierno chino, ya que la guerra civil habría debilitado demasiado a la gran nación para hacer frente a las invasiones. La pérdida de Nankín reduciría significativamente la moral china.

Incluso actualmente, la ciudad desempeña un papel importante en China. El nombre de Nankín se ha hecho más popular en las últimas décadas, pero Nanjing y Nankín se utilizan indistintamente. La diferencia se basa sobre todo en la traducción de los caracteres chinos a las letras occidentales. En aras de la coherencia, en este libro se utilizará Nankín; sin embargo, si está interesado en saber más, Nanjing tiende a utilizarse más a menudo en el contexto histórico basado en la interpretación occidental. Nankín es la versión estandarizada adaptada durante la década de 1950 como la ortografía oriental preferida.

Capítulo 3 - La invasión de China por parte de Japón

El inicio de la Segunda Guerra Chino-Japonesa fue muy similar a cómo se construyeron las tensiones en Europa. Alemania fue capaz de adquirir el control sobre otras naciones mediante tácticas cada vez más hostiles. La forma en que Japón comenzó a apoderarse de partes de Asia fue similar, ya que al principio empezó por plantear reivindicaciones sobre regiones con derechos en gran medida cuestionables. Para 1937, toda pretensión de adquisición civil había desaparecido, ya que Japón se había vuelto abiertamente hostil, invadiendo naciones sin ningún derecho sobre su tierra.

Control japonés de Manchuria

Japón había estado ejerciendo el control sobre Manchuria debido a su dudosa reclamación sobre la región desde las Veintiuna exigencias. Cuando Europa fracasó en su intento de devolver la región a China, el país se encontró en una mala posición para intentar reclamar Manchuria. Con la República de China aún trabajando para formar un gobierno y con diferentes divisiones luchando por el poder, Japón pudo afianzarse mucho mejor en el continente.

En 1931, Japón comenzó a adentrarse en la región. El 18 de septiembre, crearon un incidente en el ferrocarril de Manchuria del Sur para justificar su entrada en Manchuria y su ocupación, un movimiento que iba en contra del tratado que habían firmado con China. Cuando parte del ferrocarril fue destruido en una explosión, los japoneses declararon que era un ataque de los chinos, señalando a la guarnición local como los autores de la explosión. Japón se trasladó rápidamente a la zona. El gobierno local se negó a luchar, dejando que los japoneses tomaran el control de una gran parte de la provincia.

Los dirigentes de China no podían enviar a nadie a luchar contra los japoneses, así que recurrieron a la Sociedad de las Naciones con la esperanza de que les ayudara. Lo más duro que hizo la Sociedad de las Naciones fue exigir que los japoneses se retiraran de la zona antes del 16 de noviembre de 1931. Japón, en particular sus militares, rechazó esta resolución. La Sociedad de las Naciones no adoptó ninguna medida de seguimiento contra los japoneses cuando estos se negaron a marcharse. EE. UU. sí aprobó la Doctrina Stimson, que decía que el país no reconocería la pretensión de Japón, ya que ignoraba la soberanía de China en la región.

Con pocas medidas para disuadirlos, los japoneses establecieron su propio gobierno títere sobre la región, que rebautizaron como Manchukuo. A la cabeza del gobierno estaba Puyi, el último emperador de China. Aunque esto dio una apariencia de legitimidad, la Sociedad de las Naciones no tardó en adoptar la misma postura que Estados Unidos y se negó a reconocer al gobierno títere. Al parecer, muchos se volvieron contra ellos, y Japón abandonó la Sociedad de las Naciones en marzo de 1933, una medida que Alemania repetiría en octubre. La incapacidad de la Sociedad de actuar para salvar a los miembros de su propia organización de otros dentro de ella, fue el principio del fin de la organización. A medida que los miembros restantes perdían la fe en su capacidad, la Sociedad de las Naciones dejó de desempeñar cualquier papel en la seguridad de sus naciones miembros, y finalmente se disolvió en 1946.

Aunque Hitler estaba ascendiendo al poder en Alemania y las naciones europeas se estaban volviendo cada vez más agresivas, fueron las acciones de Japón en Manchuria las que iniciarían la cadena de acontecimientos que finalmente llevarían a la disolución de muchas de las medidas puestas en marcha tras la Primera Guerra Mundial.

Durante la ocupación japonesa de Nankín, se cometieron muchas atrocidades contra el pueblo chino. Sin embargo, con el control de Japón sobre la narrativa y la región y sin nadie que hable de los horrores, hay menos documentación e historias sobre cómo fueron tratados los manchurianos.

Inicio de la segunda guerra sino-japonesa: el incidente del puente de Marco Polo

Pasaron algunos años antes de que Japón volviera a actuar. Su movimiento para apoderarse de Manchuria no había dado lugar a ninguna acción real contra ellos, pero otras naciones estaban disgustadas. Esperando su momento, los japoneses pudieron acumular más fuerzas en el continente. En 1937, los militares habían terminado sus preparativos, por lo que Japón comenzó a avanzar hacia otras regiones, incluyendo Pekín, Shanghái y, finalmente, Nankín.

Después de tantos disturbios y de esta toma de poder apenas velada en nombre de la expansión de su imperio, los japoneses dejaron de ocultar sus intenciones en 1937. Los soldados japoneses estaban realizando ejercicios a unas treinta millas de Pekín, pero no habían notificado a los chinos, algo que tradicionalmente se había hecho para establecer la intención y evitar la guerra. Los ejercicios tenían lugar cerca del puente Marco Polo. Cuando terminaron, los japoneses afirmaron que habían perdido a un soldado y, a cambio, exigieron a los soldados chinos que les permitieran entrar en Wanping, una ciudad cercana, para buscarlo. Cuando los chinos se negaron a dejarles entrar en su territorio, los japoneses comenzaron a forzar su entrada en la ciudad. Ambas naciones reaccionaron enviando tropas para reforzar sus efectivos.

El ejercicio asustó a las tropas chinas que estaban estacionadas cerca de los ejercicios de entrenamiento, lo que dio lugar a una breve escaramuza. Inicialmente, Japón pudo tomar el control del puente, pero eso duró poco. Al final de la jornada del 8 de julio, solo cuatro de los estimados cien defensores chinos sobrevivieron a los ataques del Ejército Imperial. Japón controló el puente hasta la mañana siguiente, cuando llegaron los refuerzos chinos y lo recuperaron.

A la mañana siguiente, la tensión aumentó hasta que los dos bandos comenzaron a luchar en el puente. Los chinos tomaron rápidamente el control, obligando a los japoneses a retirarse, y establecieron un acuerdo verbal de corta duración. Según ese acuerdo, China presentaría una disculpa por lo ocurrido, pero los líderes militares de ambos bandos serían castigados por el incidente. China también sustituiría las tropas militares por civiles pertenecientes al Cuerpo de Preservación de la Paz. Japón se retiraría de la zona. El acuerdo se firmó el 11 de julio.

Este incidente menor parecía haberse resuelto fácilmente, pero la forma en que se retrató en Japón provocaría una escalada de tensiones. El gabinete japonés celebró una conferencia de prensa y pareció tranquilizar a la población anunciando que ambas partes habían llegado a un acuerdo. Sin embargo, también anunciaron que iban a movilizar tres nuevas divisiones de su ejército y lanzaron una advertencia al órgano de gobierno de Nankín para que se abstuviera de interferir en la solución que ambas partes habían alcanzado. Dado que Japón se estaba movilizando a la región, Nankín respondió enviando cuatro divisiones. Como ambas partes rompieron claramente el acuerdo, las hostilidades no tardaron en comenzar. El 20 de julio, Japón atacó Wanping, bombardeando la ciudad, y a finales de mes, el Ejército Imperial había rodeado tanto Pekín como Tianjin. Con dos ciudades importantes bajo su control, Japón dirigió sus ojos a la históricamente importante capital de Nankín. Sin embargo, fue el asesinato de uno de los oficiales navales de Japón a principios de agosto de 1937 lo que finalmente llevaría a la declaración de guerra. En aquel momento, se denominó segunda guerra sino-japonesa, ya que Europa aún mantenía una delicada paz. Sin embargo, no pasaría mucho tiempo antes de que Japón y Alemania dejaran muy claros sus intereses al apoderarse de las naciones de su entorno.

Sanko-Sakusen: La planificación de la invasión de Nankín y la política de los tres aliados

Al igual que los nazis, los japoneses tenían un lema que ayudó a dictar sus acciones durante la guerra: Sanko-Sakusen. Sin embargo, los japoneses no crearon campos de concentración y luego pusieron el lema sobre las puertas de los campos (la mayoría de los campos de concentración alemanes "daban la bienvenida" a los prisioneros con el lema *Arbeit Macht Frei*, que se traduce como "El trabajo te hace libre"). En cambio, los militares japoneses siguieron una política descrita como los "Tres Todos": "Matar a todos. Quemar todo. Saquearlo todo". En Occidente, esto es comparable a las tácticas de tierra quemada, que serían ejecutadas por los soviéticos más tarde en la Segunda Guerra Mundial mientras se retiraban de los alemanes. Sin embargo, los soviéticos no trataban de apoderarse de las tierras, sino de destruir todos los recursos potenciales, dejando a los alemanes sin nada que tomar, salvo la tierra quemada. Fue increíblemente eficaz contra los alemanes, ya que al final tuvieron que estirar demasiado sus líneas de suministro. Desgraciadamente, fue igualmente eficaz cuando la utilizaron los japoneses, pero también supuso la matanza de cientos de miles a millones de civiles allí donde el Ejército Imperial iba.

Japón establecería campos de concentración, creando incluso un lugar que ha llegado a ser conocido como el Auschwitz de China. Sin embargo, el gobierno japonés no enviaba a la gente a un único lugar como hacían los nazis. Más a menudo, se limitaban a masacrar a la gente donde vivía. Irónicamente, cuando Japón tomó el control de Manchuria, los japoneses querían poblar la región con personas judías que huían de Europa, dando refugio a la gente que los aliados de Japón estaban tratando de exterminar. La zona ya tenía una gran población judía europea porque muchos hebreos habían huido de Rusia a mediados del siglo anterior. Japón ayudó a los judíos a huir de Rusia para establecerse en las tierras controladas por los japoneses, y muchos lo consideraron un proyecto humanitario. Japón se benefició, especialmente porque había muchos ingenieros, banqueros y otras personas bastante educadas que buscaban refugio. Sin embargo, era claramente una afrenta a uno de los pocos aliados políticos de Japón. Los japoneses tampoco parecían considerar a los refugiados judíos como iguales. El plan para asentarlos era conocido como el Plan Fugu porque veían a los refugiados judíos como algo similar a los peces globo (conocidos como fugu en japonés): son deliciosos cuando se les trata bien, pero tóxicos si se les trata mal.

El Sanko-Sakusen fue utilizado por los soldados japoneses que discutieron sus acciones casi dos décadas después, en 1957. Admitieron haber cometido atrocidades y reconocieron las ideologías que había detrás de sus horribles acciones. Muchos de ellos señalaron el adoctrinamiento, que hizo que los niños aprendieran a idolatrar al emperador y a los militares, lo que dio como resultado la obediencia para hacer lo que se les decía. La idea de que las personas de otras naciones eran inferiores hizo que muchos soldados japoneses vieran a los civiles más como objetos que como personas, lo que les permitió cometer actos horribles sin sentir remordimientos. Sería un sentimiento similar el expresado por los alemanes, aunque principalmente decían que simplemente no cuestionaban las órdenes porque la mayor parte de Europa ya no tenía el mismo sentido de un monarca o emperador amado en las décadas de 1930 y 1940.

Durante los primeros seis meses de la segunda guerra sino-japonesa, Japón había tomado el control de Tianjin, Pekín y Shanghái. Los chinos que sobrevivieron contaron las atrocidades que se habían cometido hasta la llegada del Ejército Imperial, aunque la mayoría de las atrocidades se centraron en sofocar a los chinos lo antes posible. Dado que estas zonas contaban con una mayor población occidental (las ciudades de las zonas portuarias solían tener una mayor población de ciudadanos occidentales por razones de negocios, así como miembros del ejército para proteger las zonas bajo el control de las naciones occidentales), los japoneses parecían ser más comedidos en su trato con los ciudadanos y los prisioneros de guerra. Cuando los líderes chinos vieron que sus tierras y ciudades portuarias empezaban a ser tomadas por los invasores, no ignoraron las señales de alarma. Sabiendo que Japón avanzaría sobre Nankín, China se vio obligada a tomar una decisión sobre cómo reaccionar. Con poco tiempo para hacer su movimiento, los chinos harían el único movimiento que sentían que podían hacer.

Capítulo 4 - La segunda batalla de Shanghái y el aumento de la frustración y el resentimiento hacia los chinos

Entre 1931 y 1937, China permaneció dividida mientras el Partido Nacionalista y el Partido Comunista Chino luchaban por el control del país. Aunque el sentimiento antijaponés crecía en el país, ninguno de los dos bandos estaba dispuesto a detener su lucha interna hasta que los japoneses comenzaron a tomar el control de algunas de sus ciudades más importantes en 1937. Tras la matanza de Shanghái, los chinos buscarían la forma de salvar a la población de su capital mientras los japoneses dirigían su atención hacia el sur.

Sin buenas opciones

Aunque China había podido modernizarse, en gran parte gracias a la ayuda que había recibido de Alemania a lo largo de los años desde el final de la Primera Guerra Mundial, en 1937 la nación llevaba años librando una guerra civil. Sabían que no podían vencer a los japoneses cuando estos empezaron a adentrarse en China. Los dos bandos que trataban de dirigir el gobierno empezaron a considerar qué podían hacer, sabiendo que no tenían muchas buenas opciones disponibles.

Con los japoneses entrando a raudales desde su isla y las otras tierras que controlaban, en particular Manchuria, China decidió que su mejor opción era sacar sus recursos y la mayor cantidad de gente posible de la zona costera y alejarlos de las ciudades de la parte oriental del país. Al igual que haría Rusia varios años después, China acabaría adoptando una política de tierra quemada, destruyendo cualquier recurso potencial que los japoneses pudieran utilizar. Este método sería tan eficaz contra los japoneses, que vivían en una isla que carecía de esos recursos, como contra los alemanes, que no tenían los recursos y suministros adecuados para los duros inviernos rusos.

En 1937, los chinos empezaron a mover todo lo que podían de las ciudades, pero la velocidad con la que atacaban los japoneses dificultaría cualquier avance sustancial. En ese momento, los chinos no sabían el tipo de horrores que los japoneses iban a decretar, ni adaptarían la política de tierra quemada hasta perder sus importantes ciudades orientales.

Ataque a Shanghái

Tras su éxito en la toma de Manchuria en 1932, los japoneses atacaron Shanghái. Los chinos habían luchado duramente, perdiendo muchos soldados en el ataque, pero contaban con el apoyo verbal de la mayor parte de Europa (incluida Gran Bretaña, que aún mantenía tropas en la zona) y de Estados Unidos. Japón continuó enviando tropas a la región, llegando a tener una fuerza de más de 100.000 hombres a finales de febrero de 1932. Estuvieron a punto de derrotar a las fuerzas chinas en los alrededores de la ciudad, pero su victoria duró poco, ya que las fuerzas chinas de la ciudad hicieron retroceder a los invasores. Las fuerzas imperiales continuaron atacando a principios de marzo, y aunque las fuerzas chinas que permanecían en la zona eran consideradas de élite (las divisiones 87 y 88 habían sido entrenadas por los alemanes), no pudieron resistir los continuos ataques de Japón. Europa y Estados Unidos desempeñaron un pequeño papel, pero ayudaron a conseguir un alto el fuego, dando a Japón el control de gran parte de la zona. Esto enfureció aún más a los chinos, pero poco pudieron hacer. Esto se conoció como la primera batalla de Shanghái, y preparó el terreno para una guerra mucho más grande pocos años después.

En 1937, los japoneses se habían afianzado mucho más en la región, y pronto comenzarían la principal iniciativa de la segunda guerra sino-japonesa. Hasta ese momento, los combates habían sido de una escala mucho menor. Sin embargo, la segunda batalla de Shanghái, también conocida como la batalla de Songhu, haría imposible el restablecimiento de la paz.

La tensión que se había ido acumulando desde 1932 alcanzó un punto álgido el 9 de agosto de 1937, cuando el primer teniente Isao Oyama intentó entrar en el aeropuerto de Hungchiao de Shanghái, lo que suponía una violación del acuerdo firmado. Los chinos abrieron fuego contra él, matando al soldado japonés. Mientras se disculpaban por las acciones de su oficial, los japoneses exigieron el desarme del Cuerpo de Preservación de la Paz chino. Cuando los soldados japoneses llegaron a Shanghái para ocuparse de este desarme, los chinos se negaron. Basándose en las acciones anteriores de los japoneses, los chinos probablemente sospecharon que el desarme era un precursor de la guerra. Si los soldados chinos eran desarmados, sería mucho más fácil derrotarlos para los soldados japoneses. Dado que era su soldado el que se había equivocado, ya que había roto el acuerdo, no tenía sentido que fueran los chinos los que se desarmaran. Se produjeron pequeños enfrentamientos en la ciudad y las tropas japonesas pidieron refuerzos. Cuando el líder militar chino en Shanghái, el general Zhang Zhizhong, se enteró de la petición japonesa, también pidió que se enviaran refuerzos para apoyar a sus tropas.

Los líderes occidentales intentaron enfriar estas tensiones porque una guerra abierta perjudicaría sus intereses en la zona. Algunas naciones tenían el control de pequeñas áreas en la región, mientras que otras tenían importantes intereses comerciales e industriales que se verían interrumpidos si las dos potencias asiáticas más fuertes eran incapaces de llegar a un acuerdo pacífico.

Los soldados japoneses hicieron su movimiento el 13 de agosto a las nueve de la mañana marchando con diez mil soldados hacia los suburbios de Shanghái. Las tropas chinas comenzaron a atacar a los invasores por la tarde. Los invasores, que lanzaron ataques aéreos y enviaron tropas adicionales contra los combatientes chinos, esperaban poder terminar la lucha en unos tres días. El general Zhang Zhizhong consiguió alargar la lucha hasta unos tres meses. Desgraciadamente, las fuerzas chinas fueron simplemente incapaces de repeler a los japoneses. Lo que hizo Zhang fue dar tiempo a que algunos ciudadanos chinos escaparan y sacar el mayor número posible de recursos de la ciudad. Como los combates se produjeron en torno a tres zonas estratégicas (en el centro de la ciudad, en los pueblos de los alrededores y a lo largo de la costa de Jiangsu), los japoneses no pudieron concentrar sus ataques en una sola zona, por lo que no pudieron impedir el flujo de personas e industrias de la ciudad. Como la lucha se prolongó más de lo esperado y las tropas japonesas ejecutaron acciones que sus oficiales consideraban deshonrosas (incluyendo muchas de las acciones que los soldados realizarían en Nankín después de su caída, solo que a una escala mucho menor) para terminar la lucha lo más rápido posible, los japoneses sintieron un golpe importante en su moral. La gran pérdida de tropas desmoralizó aún más a los japoneses, pero al final ganaron. Después de luchar en Shanghái y sus alrededores durante setenta y cinco días, los chinos comenzaron a retirarse del centro de la ciudad. Los mejores combatientes se quedaron atrás para mantener a raya a los japoneses, y los chinos perdieron aproximadamente el 60% de esos hombres. Al principio, esperaban recibir refuerzos, pero nunca llegaron. Sin embargo, las fuerzas de élite ayudaron a que los chinos pudieran evitar que los japoneses hicieran uso de sus recursos de la ciudad. También ralentizaron los plazos para que Japón iniciara su avance hacia el sur, hacia Nankín.

Se calcula que unos 300.000 chinos perdieron la vida durante la batalla, frente a los aproximadamente 40.000 soldados japoneses que murieron. Es probable que esta grave pérdida de vidas afectara significativamente a la forma en que los dos bandos se veían mutuamente. Algunos piensan que esto pudo haber contribuido a la animosidad y crueldad que siguió a la batalla. Sin embargo, teniendo en cuenta las instalaciones médicas que se crearon para experimentar con los soldados chinos (instalaciones que rivalizan con los experimentos humanos de los nazis) y la política de los Tres Todos, los japoneses habrían cometido atrocidades incluso si hubieran conseguido tomar la ciudad en el plazo previsto.

Los testigos occidentales de la batalla

Shanghái había sido difícil de tomar en parte porque las naciones occidentales habían creado sus propios pequeños refugios dentro de la ciudad. Había una región en la ciudad llamada el Asentamiento Internacional. Shanghái era la segunda ciudad asiática más grande (Tokio era la mayor), y era un puerto para las naciones que tenían territorios en Asia. Cuando los japoneses atacaron, los ciudadanos y militares occidentales fueron testigos de la lucha. En gran medida, permanecieron neutrales mientras las dos naciones asiáticas luchaban por el control de la ciudad y sus alrededores. Irónicamente, los japoneses eran una de las mayores poblaciones de civiles en el asentamiento internacional. Esto podría haber contribuido a la reticencia de las naciones occidentales a reaccionar, ya que en gran medida habían visto a los japoneses bajo una luz muy diferente fuera de sus aspiraciones militares.

Sin embargo, cuando los japoneses atacaron a los civiles, algunos de los soldados occidentales intervinieron, sobre todo trabajando para ayudar a los civiles chinos que estaban atrapados para huir de los invasores. Sin embargo, nunca lucharon directamente contra los japoneses y abandonaron en gran medida a los chinos a su suerte. Teniendo en cuenta las dificultades que tenían en el continente, es probable que los occidentales intentaran evitar dividir sus fuerzas en dos continentes. Vieron de primera mano lo brutales que podían ser los soldados japoneses, pero su presencia probablemente evitó que los japoneses cometieran el mismo tipo de atrocidades que en Nankín.

Un indicio de los horrores que vendrían

Cuando estaba claro que los chinos se retiraban o se rendían, los japoneses no tenían piedad con los soldados que capturaban. Muchos de los soldados chinos que seguían en la ciudad entraron en el Asentamiento Internacional para rendirse en lugar de entregarse a los japoneses. Fuera de la ciudad, los invasores comenzaron a mostrar cómo iban a operar durante los próximos meses. Incluso los que permanecieron en la ciudad no estaban a salvo.

Para ayudar a levantar el ánimo de los soldados, las tropas japonesas obligaron a muchas de las mujeres que aún estaban en la ciudad a convertirse en "mujeres de confort", forzándolas esencialmente a la esclavitud sexual. Tampoco era la primera vez que lo hacían; las mujeres chinas de Manchuria habían sido obligadas a proporcionar todo lo que los soldados japoneses querían tras la toma del poder, unos cinco años antes. La práctica se estableció después del Incidente de Manchuria a petición de las autoridades militares, y como resultado se abrieron burdeles para entretener a los hombres estacionados en la región. El establecimiento de estos burdeles fue documentado, dando a los historiadores una mejor visión de cómo comenzó la práctica de las mujeres de confort. La práctica se introdujo en Shanghái después de la primera batalla, y el primer puesto oficial se hizo en la brigada naval cercana a la ciudad. En aquel momento, se pensó que el establecimiento de este tipo de instalaciones evitaría que los soldados violaran a las mujeres chinas de la zona, lo que generaría resentimiento hacia los japoneses. También se pretendía ayudar a reducir la propagación de enfermedades de transmisión sexual, ya que había un control sobre las mujeres que "consolaban" a los soldados. Esto significa que para la segunda batalla de Shanghái ya había burdeles para los soldados. Sin embargo, a principios de 1938, cuando los dirigentes de Shanghái pidieron que tres mil mujeres japonesas fueran a "servir" al Ejército Imperial, la percepción en Japón cambió. El pueblo acusó a los militares de secuestrar mujeres y de empañar la imagen pública y el honor de los soldados, por lo que el uso de mujeres japonesas en los burdeles disminuyó. Como a principios de 1938 existían normas sobre las mujeres que se podían llevar de Japón, los militares obligaron a las mujeres de otras naciones a entrar en los burdeles, incluso de Corea y Taiwán. Aunque la guerra comenzó antes de que se establecieran estas regulaciones, la opinión en Japón ya había cambiado, por lo que los militares probablemente habían encontrado otras formas de asegurar que sus hombres fueran "consolados" con mucho menos escrutinio por parte de los ciudadanos en casa.

La segunda batalla de Shanghái terminó finalmente a mediados de noviembre. Para el 19 de noviembre, los japoneses estaban presionando para mantener a los chinos en fuga, y planeaban forzar a sus adversarios hacia Nankín. El teniente general Heisuke Yanagawa había sido el encargado de comunicar al Cuartel General Imperial el inicio del movimiento hacia el sur, pero los líderes militares nombraron al general Iwane Matsui como comandante en jefe. Cuando Matsui cayó enfermo, el tío del emperador, el teniente general Yasuhiko Asaka, se convirtió en el comandante de la fuerza.

Los sucesos de Shanghái fueron en realidad similares a lo que estaba por venir, tanto en Asia como en Europa. Los historiadores suelen relacionar las batallas en Asia con las de Europa. Por ejemplo, la segunda batalla de Shanghái ha sido llamada el Stalingrado asiático. Una de las principales diferencias fue que la mayoría de los principales actores de la guerra estaban presentes en Asia para la primera gran batalla de lo que sería la Segunda Guerra Mundial.

Capítulo 5 - Crímenes de guerra cometidos en el camino a Nankín

A menudo se habla de la Masacre de Nankín, que abarcó un periodo de unas seis semanas, pero las atrocidades que cometió el Ejército Imperial comenzaron antes incluso de salir de Shanghái. A medida que los soldados se desplazaban entre la ciudad portuaria y la capital, descargaban su ira, su agresividad y su sentimiento de superioridad sobre la gente que encontraban. Los periodistas japoneses solían estar integrados al ejército para transmitir información sobre lo impresionante que era el ejército y la facilidad con la que aplastaban a sus enemigos. Uno de estos reporteros dejó constancia de sus impresiones en aquella época, diciendo que la razón por la que eran capaces de avanzar tan rápidamente era que podían hacer lo que quisieran por el camino. Violaban a las mujeres que encontraban y saqueaban los asentamientos. Todo ello estaba consentido, e incluso, según algunos, alentado por muchos de los que estaban al mando.

Se han escrito varios libros sobre el periodo comprendido entre el ataque a Shanghái y los sucesos de Nankín, porque a menudo se pasa por alto. Aunque el número de muertos no fue tan elevado durante este periodo, los japoneses no mostraron ninguna piedad durante la marcha.

Historias de una competencia despiadada

Una historia que surgió durante esta época giraba en torno a una competición entre dos oficiales. Según la historia, los dos oficiales se esforzaban por ver quién podía matar a cien personas más rápido usando solo una espada. Los periodistas enviaron historias sobre la competición, probablemente como una forma de ayudar a crear apoyo para el ejército. Sin embargo, se cuestiona la veracidad de esta historia. La forma en que se cubrieron los supuestos acontecimientos fue más bien un evento deportivo. Dado que el recuento era de cien hombres, no era una competición que pudiera completarse en un día. Esto significaba que había un recuento diario de estos eventos mientras los hombres trabajaban para llegar al número designado de muertes. Teniendo en cuenta lo que ocurriría en Nankín, existe mucha gente que cree que estos relatos eran ciertos, que dos hombres realmente intentaron ver quién era el asesino más eficiente. Sin embargo, se ha debatido mucho y se han puesto en duda los relatos comunicados a los ciudadanos japoneses. Los que no creen que las historias fueran reales argumentan que es probable que los reporteros estuvieran trabajando para crear orgullo en el ejército y aumentar el apoyo. Según esta teoría, fueron los soldados quienes inventaron todas las historias. Es probable que les ayudara a levantar la moral tras las dificultades de Shanghái.

Al haber huido mucha gente de Shanghái a Nankín, es probable que muchos de los que vivían entre las dos ciudades también huyeran. Habría sido muy obvio a dónde iría el Ejército Imperial después de su éxito en la principal ciudad portuaria. La noticia de cómo los japoneses habían tratado a los chinos en Shanghái y sus alrededores probablemente habría hecho difícil encontrar a muchos chinos restantes a lo largo de la ruta, aunque no todos tendrían la capacidad de huir. Después de todo, el trato que recibieron muchos de los chinos más rurales durante la guerra civil fue atroz. Hubo informes de que los líderes chinos obligaron a sus ciudadanos a trabajar como esclavos en algunas regiones, especialmente cerca de las ciudades portuarias. Aunque muchos de los habitantes entre Shanghái y Nankín no fueron sometidos a trabajos forzados, es probable que no tuvieran dinero para marcharse. Es difícil saber cuántas personas vivían entre las dos ciudades porque no se dispone de información censal.

La autenticidad de las noticias sobre esta competición en particular es incierta, pero los detalles definitivamente se originaron dentro del ejército, incluso si solo fueron los soldados los que inventaron historias para tratar de conseguir apoyo en casa. Esto mostraba una insensibilidad hacia los chinos, sobre todo si tales historias podían elevar la moral. También ayudó a consolidar el estado de ánimo de los soldados cuando se dirigieron a Nankín. El hecho de que pudieran despachar a la gente con tanta facilidad y verlo como una competición (ocurriera o no) indica cómo la idea del guerrero se trasladó a los escenarios de entonces.

El código del guerrero y el adoctrinamiento

Durante un largo periodo de la historia de Japón, los samuráis eran una clase honorable y estaban considerados entre la élite, tanto en el ejército como en la vida cotidiana. A principios del siglo XX, la clase de los samuráis había cambiado, y contribuyeron en gran medida a controlar la dirección de la nación, especialmente el crecimiento y la rápida expansión del ejército. La idea de crear un imperio japonés atraía a la antigua clase samurái. Sin embargo, el cambio de armamento facilitó el reclutamiento de un grupo mucho más amplio de soldados. Las clases sociales más bajas siempre habían formado parte del ejército, pero ahora, los líderes tenían grupos mucho más grandes bajo su control. Aunque la clase samurái ya no formaba parte de la sociedad japonesa, todavía se respetaban mucho sus acciones, y los soldados compraban espadas antiguas o similares a las de los samuráis. Estas espadas se llevaban a la batalla para que los soldados pudieran suicidarse en lugar de quedar deshonrados por la derrota.

Se inculcaba a los ciudadanos la necesidad de luchar por el emperador, y los chicos podían alistarse con solo catorce años. Aunque se decía que luchaban por el emperador, eran en gran medida los militares los que movían los hilos. Al llevar a chicos tan jóvenes a la lucha, podían adoctrinarlos más completamente, algo que muchos han comparado con un lavado de cerebro. La muerte se consideraba el fin más honorable, y esta ideología se mezclaba con la forma más antigua del guerrero, un código para el comportamiento de los samuráis que se llamaba bushido. Algunas de las prácticas más extremas de este código eran el seppuku (suicidarse para expiar un fracaso o una pérdida) y el kamikaze (practicado en gran medida por pilotos que se sacrificaban para matar al mayor número posible de enemigos). Sin embargo, muchos otros componentes de ese código fueron ignorados durante la marcha entre Shanghái y Nankín. El bushido exige que un guerrero sea valiente, practique la abnegación y sea leal a su señor (durante la década de 1930, este había pasado a ser el emperador).

Algunos han señalado este código y cómo se utilizaba durante los años 30 y 40 para indicar el estado de ánimo de los soldados, pero la comparación entre el código y las acciones de los soldados en esta época eran significativamente diferentes. Esto es más evidente cuando se revisa la documentación de los hechos y el fervor con el que algunos japoneses han negado que hayan ocurrido.

La mentalidad de los hombres cuando llegaron a la ciudad era probablemente de un patriotismo extremo y un deseo de probarse a sí mismos. Debido a la idea de ser superiores a la gente que les rodeaba, una visión negativa de las mujeres de otras naciones y la idea de que estaban tratando de probarse a sí mismos, los soldados japoneses tenían una mentalidad que probablemente contribuyó a los acontecimientos que comenzaron una vez que los soldados entraron en la ciudad como vencedores. No tardaron tanto en derrotar a los soldados chinos en Nankín como en Shanghái, en gran parte porque los chinos ya habían evacuado a todas sus figuras importantes. Los ciudadanos que no podían permitirse el lujo de desplazarse y los soldados de menor rango se quedaron atrás para hacer frente a los invasores que se habían agitado mientras marchaban hacia Nankín.

Capítulo 6 - La orden de matar

Las órdenes que se dieron no se conocen del todo porque muchos de los relatos se dieron cuando los japoneses fueron juzgados por crímenes de guerra años después de terminada la guerra. Los relatos que se dieron fueron variados, lo que podría indicar las diferentes experiencias de los soldados. Tres hombres controlaban grandes tropas de hombres, y cada uno de ellos avanzó sobre la ciudad desde diferentes direcciones. El general Iwane Matsui había sido nombrado comandante general, y dirigía un grupo anfibio. Kesago Nakajima era el líder de un gran grupo de hombres que se movía a lo largo de la orilla sur del famoso río Yangtzé; este grupo venía del oeste. El teniente general Heisuke Yanagawa era el responsable del tercer grupo, que se dirigió hacia la ciudad desde el sureste.

Cada uno de estos líderes tenía un enfoque diferente de la guerra, y probablemente inspiraron emociones muy diferentes a sus soldados.

- El general Iwane Matsui fue el responsable del ataque a la ciudad, y era un líder muy respetado dentro del ejército. Era un firme budista y procedía de una familia de eruditos, y parecía intentar vivir según estos principios antes de la guerra. Se había retirado del ejército, pero fue llamado a filas en agosto de 1937.

- Kesago Nakajima ha sido descrito como cruel y violento. Era conocido por sus especializaciones en intimidación, manipulación, control del pensamiento y tortura.

- El teniente general Heisuke Yanagawa se parecía más al líder estereotipado, valoraba la disciplina y le gustaba mantener un firme control sobre sus tropas.

Los tres llegaron a las afueras de Nankín a principios de diciembre. El general Iwane Matsui había caído enfermo el 7 de diciembre de 1937, y su sustituto tomó el relevo. Como miembro de la familia real, Yasuhiko Asaka tenía mucho más control sobre los hombres, ya que querían servirle como sustituto del emperador. Era como si la corona hubiera intervenido para dirigirlos desde el frente. Sin embargo, todavía había otros dos hombres que dirigían sus propias divisiones en la ciudad.

Los comandantes en Tokio habían enviado las órdenes para que el Ejército Imperial ocupara Nankín el 1 de diciembre, pero los hombres aún no estaban en su lugar cuando llegaron las órdenes. La salud de Iwane Matsui probablemente retrasó aún más los planes. Sin embargo, las órdenes eran claras independientemente de quién dirigiera las tropas. Los japoneses tenían dos objetivos durante este periodo:

- Tomar el control de Pekín y establecer otro gobierno títere.

- Ocupar Nankín.

El ataque a Shanghái había tardado mucho más de lo esperado, por lo que el general Iwane Matsui sabía que era vital que la siguiente gran campaña no tardara tanto en completarse. Con la política de los tres aliados en marcha, las tropas tenían órdenes de asegurarse de que la campaña no sufriera más retrasos. Probablemente, este fue un factor que contribuyó a que Matsui permitiera que otra persona se hiciera cargo de los hombres bajo su mando. Sin embargo, antes de que esto ocurriera, inculcó a los hombres la importancia de actuar con rapidez y decisión. Tenían que representar el honor de Japón y debían comportarse como tal. Sin embargo, también era vital que mostraran la superioridad de los japoneses para asegurarse de que nadie más quisiera enfrentarse a ellos de nuevo. Además, les recordó que debían evitar a los extranjeros, ya que no formaban parte de la lucha; también debían "proteger y patrocinar" a los funcionarios y ciudadanos chinos que encontraran en la ciudad. Matsui quería asegurarse de que evitaran cualquier malentendido. No se sabe cómo habrían ocurrido las cosas si él hubiera sido el líder durante el asalto final a la ciudad. Es poco probable que hubiera sido capaz de controlar a los hombres lo suficiente como para evitar los horrores que se produjeron, pero podría haber hecho un intento de detenerlos. Es difícil imaginar que hubiera podido evitar gran parte de las atrocidades, sobre todo porque entró en la ciudad poco después de su captura y los soldados siguieron infligiendo algunos de los peores tratos a los civiles durante más de un mes. Incluso dejaron de reconocer una zona neutral, infligiendo el mismo trato a los extranjeros.

Capítulo 7 - La defensa de lo imposible

Antes de que los japoneses llegaran a Nankín, la capital tenía una población estimada de más de un millón de personas. Aunque la población había crecido y disminuido a lo largo de los siglos, desde el verano de 1937, la ciudad había experimentado un aumento significativo de la población debido al gran número de refugiados de Shanghái. Nankín parecía un lugar seguro, pero los japoneses no tardaron en dejar claro que iban a dirigirse a la ciudad, ya que era crucial para China.

Intento de resistencia entre las ciudades

Los soldados que se retiraron de Shanghái se esforzaron por frenar a los japoneses, pero les superaban ampliamente en número y estaban ya cansados por los feroces combates en Shanghái. Sin embargo, intentaron detener a los invasores japoneses en varias ocasiones durante su retirada de la ciudad.

Una de las últimas veces que los chinos que huían intentaron detener, o al menos frenar, el avance de los japoneses fue al este de Nankín, en la ciudad de Kunshan. Solo pudieron frenar el avance japonés un par de días antes de que la ciudad cayera bajo control japonés. Sin embargo, esto dio a la gente algo de tiempo para huir, sobre todo porque los militares probablemente habrían tenido la ocasión de informarles de la violencia potencial a la que se enfrentaban cuando los japoneses tomaron Shanghái.

Los soldados lograron establecer una línea defensiva entre las ciudades, pero los japoneses la rompieron y destruyeron el 19 de noviembre. Siete días después, los japoneses invadieron la Línea Xicheng. Aunque no pudieron contener a los japoneses durante mucho tiempo, los dirigentes chinos dispusieron de más tiempo para preparar las defensas y elaborar una estrategia para proteger Nankín y a sus ciudadanos.

La lucha por el poder chino

Uno de los principales problemas de Nankín fue la política china y la dinámica del poder. Había dos pensamientos diferentes sobre cómo debían defender la capital. Por un lado, el general Li Zongren creía que no tenía sentido intentar defender la ciudad y pensaba que las tropas y los recursos se utilizaban mejor en otros lugares. Su plan era declarar la capital como ciudad abierta, dejando a los ciudadanos vulnerables a un ataque. Se ordenaría a las tropas de la zona que destruyeran los recursos, instalaciones y bienes que pudieran ser utilizados por los japoneses. No quería que el Ejército Imperial pudiera hacer uso de la modernización que los chinos habían construido en su capital, y estaba dispuesto a perder por completo los progresos que habían hecho durante décadas para dificultar el avance de los japoneses hacia el interior. Li Zongren pensó que abandonando la ciudad a los japoneses, las tropas y los recursos chinos se ahorrarían para una confrontación posterior, cuando el Ejército Imperial fuera potencialmente más débil. Otras dos figuras importantes estuvieron de acuerdo con este plan: El general Bai Chongxi y el asesor del ejército alemán, el general Alexander von Falkenhausen.

Sin embargo, Chiang Kai-shek estaba a cargo del esfuerzo, y anuló a sus tres subordinados. Su preocupación era que abandonar la ciudad sin hacer siquiera un intento aparente de salvarla sería perjudicial para el prestigio de la nación en la escena internacional. También dijo que una admisión tan obvia de su incapacidad para luchar contra los invasores bajaría la moral de las tropas en toda China. Al parecer, dijo: «Estoy personalmente a favor de defender Nankín hasta la muerte». En lugar de aceptar abandonar completamente la ciudad, Chiang Kai-shek puso al general Tang Shengzhi al mando de 100.000 soldados. El problema de las tropas era que la mayoría de ellas eran recién reclutadas, por lo que no estaban entrenadas. Se enfrentarían a las fuerzas japonesas que habían terminado recientemente una dura batalla contra tropas chinas bien entrenadas en Shanghái, incluyendo un gran número de combatientes de élite. Los militares chinos que iban a luchar por Nankín no tenían ninguna posibilidad.

Tang sabía que ellos tampoco tenían ninguna posibilidad, pero hizo una demostración de esfuerzo durante un tiempo. Cuando dio una conferencia de prensa el 27 de noviembre de 1937, anunció con orgullo que él y sus hombres lucharían por China. Al mismo tiempo, advirtió a la pequeña población de occidentales que quedaba que se marchara porque la guerra en la ciudad era inminente. Las tropas fueron enviadas a despejar todos los árboles y edificios en un radio de una milla de la ciudad para evitar que los japoneses tuvieran algún lugar donde esconderse. Esta decisión se consideró muy controvertida, ya que significaría que la gente que huyera de los japoneses tendría que entrar en la ciudad porque no habría refugio para ellos en otro lugar. Esto aumentaría la población justo antes de que los japoneses atacaran. Y aunque los edificios se quemaran, seguirían proporcionando cierto refugio a los japoneses porque los soldados chinos no tenían tiempo de demolerlos por completo.

Sin embargo, Tang era plenamente consciente de que nada de lo que hiciera serviría de mucho ante la agresión japonesa. Mientras se mostraba severo, intentaba un par de planes propios. Estuvo de acuerdo con la propuesta del general Li Zongren de declarar Nankín como ciudad abierta. Tang parecía tener mucha fe en los occidentales de la ciudad porque acudió a ellos para que le ayudaran a convencer al general de que era un error luchar. También quería que le ayudaran a negociar la paz con Japón.

Aunque Tang lo intentó, ambos planes fracasaron y tuvo que enfrentarse a los japoneses con un gran grupo de hombres sin entrenamiento. Se desconoce cuántas tropas estaban activas en Nankín cuando llegaron los japoneses, ya que algunas habían huido antes de que los invasores entraran en la ciudad. Sin embargo, se cree que superaban en número a las tropas japonesas.

Capítulo 8- La desorganización de Nankín y los preparativos fallidos

Los soldados y civiles chinos huyeron de Shanghái, pero los soldados japoneses nunca estuvieron lejos de ellos, ya que hubo poco retraso entre su éxito en Shanghái y su salida hacia Nankín. Los soldados chinos estaban demasiado agotados para oponer mucha resistencia al avance de los soldados, así que intentaron en gran medida frenar a los japoneses, y algunos de ellos sobrevivieron lo suficiente como para llegar a la capital. Los refugiados y soldados chinos que se dirigieron a Nankín se encontraron de nuevo bajo el ataque de los japoneses, aunque no fue nada parecido a lo de Shanghái.

Lo que la gente de Nankín no sabía era que los líderes militares sabían lo desesperada que era la causa. Chiang Kai-shek había tomado la decisión de hacer un frente sabiendo que no podían ganar. Su negativa a escuchar a sus asesores acabaría costando todo a muchos de los habitantes de la ciudad.

Los cuestionables preparativos de Nankín

Aunque los chinos habían conseguido prolongar la lucha en Shanghái, la evidente superioridad de las fuerzas japonesas dejaba claro que sería difícil mantener Nankín.

Tras dejar al general Tang Shengzhi a cargo de las defensas de Nankín, Chiang Kai-shek envió a la mayoría de los soldados entrenados y a los líderes del gobierno de la ciudad a establecer Chongqing como capital temporal. Chiang Kai-shek y su familia abandonaron la ciudad el 7 de diciembre para dirigirse a Chongqing.

Antes de huir de Nankín, Chiang Kai-shek ordenó que los ciudadanos, incluidos los funcionarios civiles del gobierno (solo los miembros que se consideraban importantes para la nación), fueran obligados a permanecer en la ciudad para que ellos y los soldados no entrenados pudieran defenderla. Llegó a prohibir a los soldados restantes que evacuaran a los ciudadanos. Los soldados también siguieron destruyendo edificios, pero esta vez dentro de la ciudad.

Con muchos de los refugiados relatando los horrores de lo ocurrido en Shanghái, muchos de los ciudadanos se negaron a quedarse. Cogiendo lo que pudieron, abandonaron la ciudad. Sin embargo, cientos de miles de personas permanecieron en la ciudad, incluyendo mujeres, niños y ancianos. A medida que se acercaban los cazas japoneses, muchos ciudadanos empezaron a sentir pánico y huyeron de la ciudad en masa. Tang tomó otra decisión controvertida e hizo cerrar todas las salidas de la ciudad a los civiles para que no cundiera el pánico, una decisión que parece contradictoria. Incluso quemó los barcos que estaban en el río Yangtzé para evitar que la gente saliera.

Aunque en Nankín vivían muchos menos extranjeros que en Shanghái, intentaron agruparse para que los japoneses supieran que eran una comunidad de empresarios y misioneros mayoritariamente extranjeros. Formaron el Comité Internacional, dirigido por John Rabe, un empresario alemán. El comité trabajó para establecer una zona neutral en la que japoneses y chinos debían abstenerse de luchar, y que incluiría un hogar para los civiles, ya que no debían participar en los combates. La Zona de Seguridad establecida tenía aproximadamente el tamaño de Central Park (situado en la ciudad de Nueva York, EE. UU.), y la inauguraron en noviembre de 1937. Inicialmente, solo tenían una docena de campos de refugiados.

Los japoneses llegaron a las afueras de la ciudad el 13 de diciembre de 1937. Al parecer, ya había llegado a los habitantes de la ciudad la noticia de que los japoneses estaban celebrando competiciones de asesinatos y realizando saqueos a medida que avanzaban hacia la ciudad. Se corrió el rumor de que el Ejército Imperial también estaba dejando atrás fosas comunes para los que habían matado y que estaban matando indiscriminadamente. Aunque el número de soldados chinos era mayor que el de los japoneses, su falta de entrenamiento sustancial y la probable pérdida de moral (tanto por la deserción de sus líderes como por las noticias sobre el ejército que se acercaba) los convirtieron en un pobre rival para los invasores.

Comparación entre Shanghái y Nankín

Si Shanghái había sido un golpe importante para el sentimiento de orgullo de los japoneses, Nankín reforzaría su creencia en la superioridad de su nación. Los dirigentes de Shanghái habían sido astutos, asegurándose de que los japoneses dividieran su atención entre diferentes zonas y obligándoles a luchar en varios frentes. Esta fue una de las razones por las que pudieron destrozar las expectativas japonesas de que la guerra no duraría más que unos pocos días. En realidad, los japoneses habían creído que serían capaces de completar toda la guerra en tres meses, una creencia que tuvieron que reevaluar cuando finalmente lograron una victoria.

Los líderes militares japoneses estaban enfadados por haberse equivocado tanto, y los soldados habían perdido la moral después de que los chinos hubiesen demostrado que no serían derrotados tan fácilmente. Sin embargo, los japoneses se habían enfrentado a uno de los mejores líderes militares chinos, que sabía cómo hacer que los duros hombres de batalla que le servían fueran mucho más eficaces frente al enemigo. El Ejército Imperial buscaba venganza y validación en sus creencias, así que cuando llegaron a Nankín, los soldados estaban enfadados y dispuestos a demostrar su valía. Un soldado había perdido a su hermano durante los combates en el norte, así que cuando llegaron a Nankín, descargó su ira por la pérdida matando a todos los chinos que pudo. Los líderes militares japoneses tenían en mente algo particularmente atroz para ayudar a endurecer a sus hombres, aunque probablemente no habían planeado lo que ocurriría durante los dos primeros meses en Nankín.

Tal vez esperaban el mismo tipo de lucha que habían enfrentado en Shanghái. No parece que tuvieran ninguna información sobre lo que ocurría en Nankín, más allá de las conversaciones que mantenían con el Comité Internacional que había creado la Zona de Seguridad. Los extranjeros que habían establecido la Zona de Seguridad lo habían hecho de forma similar a la de Shanghái, por lo que se aseguraron de que los japoneses la conocieran. El periódico chino *Hankow Ta-kung-pao* incluso había informado sobre esta zona, por lo que es probable que la gente acudiera a ella cuando el Ejército Imperial se acercaba. Dado que los líderes de la zona habían avisado a la embajada japonesa, esta accedió a que, mientras no hubiera soldados chinos actuales o antiguos ni armas, la respetarían. Sin embargo, los japoneses no prestaron ningún apoyo público para su creación.

Como Tang se marcharía antes de que llegaran los japoneses, no quedaba ningún jefe real del ejército chino en la ciudad, lo que significaba que los soldados no tenían ninguna posibilidad de defenderla. Tuvieron meses para prepararse mientras se libraba la segunda batalla de Shanghái, pero todo ese tiempo terminó siendo desperdiciado debido a la agitación política dentro de China. Chiang Kai-shek no tenía ningún interés en proteger la ciudad, y la gente que quedaba en la ciudad no tenía una estrategia sobre cómo enfrentarse a sus enemigos.

Esto era casi exactamente lo que el Ejército Imperial había esperado enfrentar en Shanghái. Y con 500.000 soldados imperiales dirigiéndose a la mal preparada Nankín, poco podían hacer los chinos.

Capítulo 9 - La caída de Nankín

El ataque comenzó el 9 de diciembre de 1937, y para el 13 de diciembre, los japoneses marchaban hacia la ciudad bajo el mando del príncipe Yasuhiko Asaka. Fue el comienzo de una de las peores atrocidades de la Segunda Guerra Mundial, y el Ejército Imperial se deleitó con su rápida y fácil victoria, especialmente después de la dificultad que tuvieron para tomar Shanghái. Durante las siguientes seis semanas, la gente que permaneció en Nankín se enfrentaría a un ejército casi sin restricciones. Sin embargo, los acontecimientos no estarían exentos de repercusiones, ya que los japoneses habían firmado las Convenciones de La Haya y habían pasado a ratificarlas. Las acciones de los soldados irían directamente en contra del acuerdo, y la culpabilidad de quién la tenía sería uno de los mayores puntos de disputa más adelante.

La retirada de los soldados chinos

Japón había estado enviando ataques aéreos contra Nankín desde principios de diciembre, rompiendo aún más la cadena de mando dentro de la ciudad. Fuera de la ciudad, a los soldados no les fue mejor, lo que provocó una derrota increíblemente rápida. Con la escasa coordinación y la falta de un verdadero líder, los soldados chinos se dieron cuenta rápidamente de que no tenían ninguna oportunidad contra los invasores. Algunos todavía intentaron luchar, pero pronto la mayoría intentó retirarse. Sabiendo que serían el objetivo de los invasores, muchos de ellos se despojaron de sus uniformes y armas, con la esperanza de poder mezclarse con los ciudadanos.

Desgraciadamente, los oficiales se habían quedado callados en su retirada y no siempre transmitían la información a sus subordinados. Los soldados chinos que no habían oído la orden empezaron a disparar a sus propios soldados, creyendo que los hombres estaban desertando incluso antes de que empezara la lucha. Tampoco había muchas formas de retirarse, ya que para entonces los japoneses habían rodeado casi por completo la ciudad. Algunos civiles también trataron de huir, por lo que el número de personas que pudieron salir de la ciudad fue menor. Al fin y al cabo, solo había un camino para ellos, y muchos de ellos murieron aplastados al intentar pasar por la estrecha puerta. Algunas personas murieron al intentar bajar por las murallas de la ciudad, mientras que otras se ahogaron en el río, que estaba demasiado frío para que la mayoría de la gente pudiera nadar en los meses de invierno. El caos que se vivía dentro de la ciudad era de una naturaleza muy diferente a los combates que se producían fuera de ella.

También había tropas japonesas esperando a lo largo del río, por lo que los que conseguían alejarse de la ciudad corrían el riesgo de morir mientras la flotilla japonesa les disparaba. Incluso los soldados chinos que lograron salir de la ciudad no estaban realmente preparados para luchar contra los japoneses que esperaban fuera de las murallas. No estaba previsto ningún contraataque.

Una vez que quedó claro que los japoneses habían ganado, exigieron que los soldados y los ciudadanos debían rendirse o enfrentarse a la ira del Ejército Imperial. Desde un lugar seguro fuera de la ciudad, Chiang Kai-shek se negó a rendirse, no queriendo parecer débil, sobre todo después de los acontecimientos de Shanghái. A pesar de esta negativa, sabía que los soldados chinos no tenían ninguna posibilidad, por lo que dio la orden a los soldados de comenzar a evacuar la ciudad. Desgraciadamente, era demasiado tarde para que los habitantes de Nankín pudieran salir, ya que los japoneses estaban fuera de la ciudad esperando para entrar.

Las Convenciones de La Haya y Ginebra: Por qué los ciudadanos deberían haber estado a salvo

La reacción de los japoneses a la batalla en Shanghái y sus alrededores demostró que no estaban del todo limitados por las reglas de guerra que se habían establecido a principios de siglo. Sin embargo, el hecho de que hubieran estado luchando en la ciudad y sus alrededores se utilizó probablemente como excusa para que su aproximación se considerara justificada. Los combatientes chinos eran fieros, lo que dio a los japoneses razones para sentir que eran una amenaza real, incluso en un estado debilitado. Teniendo en cuenta la facilidad con la que el Ejército Imperial tomó Nankín, es posible que los chinos pensaran que las acciones del Ejército Imperial no serían tan brutales. Al fin y al cabo, la resistencia había sido mínima, ya que la mayor parte de ella procedía del incendio de los alrededores antes de la batalla de Nankín.

También es posible que un mayor número de ciudadanos permaneciera en la ciudad debido a las normas establecidas sobre cómo debían actuar los ejércitos. Las expectativas sobre cómo debía actuar el ejército invasor habían sido establecidas por las Conferencias de La Haya, que se celebraron en 1899 y 1907 en los Países Bajos. Todas las potencias mundiales de la época se habían reunido para determinar la forma en que se trataría a los soldados capturados, así como a los ciudadanos que los militares encontraran. Según el acuerdo, era ilegal que cualquier soldado o comandante cometiera crímenes de guerra. Japón era una de las naciones que había firmado el acuerdo, por lo que estaba obligado a cumplir las normas establecidas. Las Convenciones de La Haya dictaban incluso el trato a los ciudadanos y a los prisioneros de guerra, prohibiendo el maltrato y el asesinato de ambos grupos. El Ejército Imperial no había seguido las Convenciones de La Haya en Shanghái, pero los acontecimientos que condujeron a su entrada en Nankín fueron completamente diferentes.

Las Convenciones de La Haya establecían principalmente que todo aquel que estuviera enfermo o herido sería tratado por sus enemigos como una parte neutral. Las leyes que dictaban cómo debían ser tratados los prisioneros también estaban documentadas en la Convención de Ginebra de 1929. Todos los prisioneros debían ser alimentados y tratados con humanidad, algo que no se practicaba universalmente hasta ese momento. Aunque la mayoría de las naciones entendían que los prisioneros debían recibir un buen trato, no existía una ley universal que garantizara que las naciones y los soldados que trataran mal a los prisioneros tuvieran que rendir cuentas ante un tribunal internacional. Además, prohibía cosas como la toma de rehenes, las deportaciones, la tortura y todo lo que se considerara "ultrajes a la dignidad personal", incluida la emisión de una sentencia judicial contra personas de otras naciones. En virtud de esta convención, la ejecución de prisioneros y civiles se consideraría explícitamente ilegal.

Sin embargo, la ideología predominante en el Ejército Imperial era similar a la idea occidental del destino manifiesto. Los japoneses creían que China estaba destinada a caer bajo su control, y esto se basaba en parte en su creencia de que eran superiores a la gente del continente. Para los que estaban en el poder en Japón, era mucho más práctico. Como nación insular, Japón dependía en gran medida de la agricultura y los recursos del continente, y al tomar el control de China, la nación insular tendría todos los recursos que necesitaba sin tener que negociar por ellos. Japón había conseguido modernizarse mucho más rápido que China, y además estaba unido. La gente de las altas esferas del gobierno y del ejército planeaba tratar a China como una colonia, y habían estado inculcando esa mentalidad a sus soldados, y no las normas y leyes que habían acordado durante las Convenciones de La Haya. La forma en que el Ejército Imperial luchó en Shanghái no fue solo el resultado de su ferocidad y de la inesperada duración de la lucha, sino más bien el resultado de la forma en que los soldados habían sido entrenados para pensar en sus oponentes. La marcha hacia Nankín no hizo más que intensificar esa creencia, ya que mataron y saquearon mientras avanzaban, construyendo la idea de que no solo eran superiores, sino invencibles. Era el tipo de mentalidad que aseguraba que ignorarían las convenciones y promulgarían algunos de los peores crímenes de guerra que el mundo había visto hasta ese momento.

La ciudad rodeada

Aunque los japoneses fueron absolutamente brutales hasta este punto, sus acciones no fueron ilegales porque los chinos no se habían rendido; simplemente estaban huyendo. Por muy unilateral que fuera la lucha, no era técnicamente ilegal en base a las Convenciones de La Haya. El hecho de que los japoneses fueran una fuerza invasora probablemente no se les habría echado en cara, ya que estaban siguiendo órdenes.

El 12 de diciembre de 1937, el Ejército Imperial se encontraba en las afueras de Nankín, con la lucha prácticamente terminada. No había forma de que los soldados o ciudadanos chinos escaparan, y se cree que decenas de miles de soldados y más de 200.000 ciudadanos quedaron a merced del Ejército Imperial. En la Zona de Seguridad había un número muy reducido de extranjeros, en su mayoría europeos y estadounidenses, que esperaban para ayudar en lo que pudieran; algunos de los que quedaban eran profesionales de la medicina que esperaban ayudar a los heridos. La mayoría de los extranjeros abandonaron la ciudad antes de que llegaran los japoneses. También se quedaron algunos misioneros cristianos.

El 13 de diciembre, Japón entró en la ciudad tras una lucha increíblemente corta. Los ciudadanos chinos acudieron en masa a la Zona de Seguridad, con la esperanza de estar protegidos en caso de que el Ejército Imperial fuera tan horrible como los rumores de Shanghái lo habían retratado. Incluso permitieron la entrada de algunos soldados chinos, ya que los japoneses eran muy despiadados con los soldados que encontraban. Sin embargo, una de sus funciones más importantes era la de servir de testigos neutrales de los acontecimientos que ocurrían a su alrededor e informar de las atrocidades a sus naciones.

Órdenes del comandante Matsui

Aunque estaba demasiado enfermo para entrar en la ciudad con el Ejército Imperial, Iwane Matsui quería asegurarse de que sus tropas dejasen claro que las fuerzas japonesas eran impresionantes, tanto por sus habilidades como por su comportamiento. Cuando finalmente entró en la ciudad poco después de que los japoneses la hubieran tomado, Matsui habló de una forma que probablemente pretendía ser inspiradora:

> Extiendo mi simpatía a millones de personas inocentes de los distritos de Kiangsu y Chekiang, que sufrieron los males de la guerra. Ahora la bandera del Sol Naciente flota en lo alto de Nankín, y la Vía Imperial brilla en el sur del río Yangtzé. El amanecer del renacimiento de Oriente está a punto de ofrecerse. En esta ocasión, espero que los 400 millones de habitantes de China reconsideren la situación.

Nankín tenía una larga historia de guerras, invasiones y rebeliones, pero en ese momento, la ciudad ya estaba sometida a mucha presión. Había sido la sede del Partido Nacionalista Chino. Aunque había un deseo de trabajar juntos contra los japoneses, también había cierta desconfianza subyacente. Se ha especulado que Tang Shengzhi no tenía ninguna lealtad particular hacia Chiang Kai-shek. Esto funcionaría a favor de Japón.

Matsui había salido de su retiro para ayudar al ejército, por lo que estaría al tanto de las leyes relativas a los ciudadanos y los prisioneros, por lo que emitió órdenes que prohibían a los soldados japoneses maltratar al pueblo chino. El Ejército Imperial ya había desobedecido esta orden en Shanghái, y los soldados ejecutaron a la mayoría de los combatientes chinos incluso después de que se hubieran rendido. También habían masacrado a ciudadanos varones en caso de que esos hombres fueran soldados. También empezaron a robar en los alrededores porque no estaban adecuadamente abastecidos, sobre todo en lo que respecta a la comida. Esto significó que los ciudadanos de los alrededores de Shanghái se quedaron sin suministros.

Es probable que Matsui esperara que su discurso a los militares impidiera a sus hombres llevar a cabo los mismos comportamientos ilegales en Nankín. Después de todo, había habido muy pocos combates que justificaran una dura represión en la ciudad. Por desgracia, los hombres no le escucharon.

Cuando el Ejército Imperial entró en la ciudad, fue muy diferente a su entrada en Shanghái. Solo habían perdido unos mil soldados, lo que parecía un precio muy bajo para demostrar lo superior que era su ejército. No se habían enfrentado a ningún combate importante, y no hubo grandes batallas que demostraran realmente su capacidad, ya que a los soldados chinos se les había dicho que se retiraran antes de que pudiera comenzar una lucha más prolongada.

Capítulo 10 - Un concurso de matanza y la ejecución de prisioneros de guerra chinos

Aunque la competencia de asesinatos de camino a Nankín probablemente no sea del todo cierta o exacta, sí que proporcionó ideas a los soldados japoneses. Antes de que entraran en la ciudad, los soldados chinos de Nankín se habían rendido. Según las Convenciones de La Haya, los soldados que se rindieron deberían haber sido tomados como prisioneros de guerra y tratados bien por el Ejército Imperial. En cambio, los soldados japoneses los trataban como menos que humanos.

Al entrar en la ciudad, las tropas comenzaron a recorrerla para reunir a todos los soldados que no habían podido escapar. Sabían que algunos de los soldados habían cambiado sus uniformes por ropa civil. El Ejército Imperial entró en las casas y empezó a sacar a todos los hombres que parecían estar en edad de ser reclutados. Los invasores entraron incluso en la Zona de Seguridad para eliminar a todos los hombres que pudieran ser soldados. Aunque hubo muchos soldados que fueron acorralados, también hubo un gran número de hombres que no estaban afiliados al ejército chino, incluyendo empleados de hospitales, profesionales médicos, bomberos, policías, jóvenes adolescentes y otros que se habían quedado con la esperanza de que sus vidas no se vieran demasiado afectadas por los invasores. Todos los hombres fueron tratados como prisioneros de guerra, sin importar si eran realmente militares o ciudadanos. El 26 de diciembre de 1937, los chinos fueron obligados a registrarse en la Zona de Seguridad bajo el pretexto de asegurar que no eran soldados chinos. Muchos de los soldados habían abandonado la ciudad para entonces, dejando atrás a sus familias. Los hombres de entre quince y cuarenta y cinco años que se habían quedado eran en su mayoría civiles. Algunos de los oficiales japoneses habían expresado la idea de que era "mejor diez inocentes muertos que un ex soldado libre", lo que indicaba la poca consideración que tenían por sus prisioneros chinos. También fue algo que ayudaría a condenar más tarde a algunos de los oficiales japoneses, ya que esta declaración era completamente contraria al derecho internacional.

Más tarde, los soldados japoneses parecieron intentar argumentar que el hecho de que los soldados vestidos de civil trataran de esconderse era lo que los hacía peligrosos. Teniendo en cuenta que en realidad habían tomado como prisioneros a muchos civiles, no solo a soldados, su argumento no se sostuvo durante los juicios. Independientemente de si eran soldados o no, todos los prisioneros se habían rendido, lo que significa que deberían haber sido tratados de acuerdo con las leyes establecidas en las Convenciones de La Haya y Ginebra.

Tras meses de creciente resentimiento y sensación de superioridad sobre los chinos, los soldados japoneses sintieron la necesidad de vengarse de sus oponentes. Obviamente, la necesidad de venganza estaba fuera de lugar, ya que los soldados de Nankín apenas habían presentado batalla. Sin embargo, no era la única razón por la que los japoneses tenían una visión mucho más sombría de sus prisioneros. Habían sido abandonados a su suerte, buscando comida donde podían desde los tres meses que pasaron luchando en Shanghái.

Sabiendo que ni siquiera tenían suficiente comida para cuidar de sus propios militares y sabiendo que los soldados chinos habían quemado gran parte de la comida de los alrededores, no parecía posible que los invasores se ocuparan adecuadamente de sus prisioneros. No solo no tenían suficiente comida, sino que tampoco tenían espacio suficiente para el gran número de prisioneros que habían tomado, sobre todo porque no diferenciaban entre soldados y ciudadanos varones. Además, estaba la amenaza potencial que suponían los soldados chinos, al menos en la mente de los japoneses. La fuerza china seguía siendo grande, y al añadir hombres civiles a la mezcla, había muchos prisioneros que tenían que controlar. Existía el riesgo de que los prisioneros les causaran dificultades, por lo que los japoneses empezaron a considerarlos un problema importante en lugar de verlos como prisioneros.

Los japoneses planeaban realizar un desfile para celebrar su triunfo sobre Nankín, y el general Iwane Matsui iba a dirigir a los hombres en la marcha de la victoria por la ciudad. La fuerza invasora veía a los prisioneros como una amenaza potencial o quizás como un inconveniente, ya que los soldados tendrían que quedarse atrás para vigilarlos. Al carecer de formación sobre cómo tratar a los prisioneros y sin una política clara que los soldados imperiales pudieran seguir, los comandantes japoneses decidieron establecer su propia política. En lugar de intentar controlar a los prisioneros, los líderes ordenaron a los soldados que ejecutaran a todos los prisioneros, sin hacer ningún esfuerzo por determinar quién era realmente un soldado y quién un civil. Es poco probable que la mayoría de las órdenes se dieran de forma oral, pero prácticamente no hay constancia escrita de ellas, salvo algunos registros restantes emitidos por oficiales inferiores. Una de las órdenes recibidas y emitidas el 13 de diciembre decía: «Ejecutar a todos los prisioneros de acuerdo con la orden de la Brigada. En cuanto al método de ejecución, por qué no hacer grupos de docenas cada uno, atarlos y dispararles uno por uno»[1]. Tampoco había un método expreso de cómo debían cometer las ejecuciones. Los soldados empezaron a actuar de forma decididamente contraria a la que Matsui habría visto como aceptable; para empezar, la propia orden iba en contra de las leyes de guerra establecidas.

Como resultado, los soldados se encargaron de actuar de formas mucho más crueles que las simples ejecuciones. Tal vez inspirados por la idea de la competición de asesinatos que habían discutido de camino a Nankín, los miembros del Ejército Imperial empezaron a cumplir las órdenes de la forma que consideraban apropiada o divertida. Algunos simplemente alinearon a sus prisioneros y los ejecutaron, de forma similar a un pelotón de fusilamiento. Otros utilizaron sus bayonetas para una ejecución mucho más cercana y personal de sus indefensos prisioneros. Algunos parecían intentar seguir con la idea de una competición, alineando entre cien y doscientos hombres a lo largo de la ribera del río Yangtzé y disparándoles después con ametralladoras. Tal vez el método de ejecución más espantoso y cruel fue el llevado a cabo por los oficiales que tenían espadas. Estos oficiales, que se suponía que debían controlar a sus propios hombres, parecían más interesados en mostrar lo brutales que podían ser, obligando a los prisioneros a arrodillarse ante ellos antes de decapitarlos. Se informó de competiciones entre muchos de los soldados para ver quién era capaz de matar a más prisioneros, sobre todo cuando intentaron abatir al mayor número posible durante un frenético ataque a los soldados chinos. La decapitación era uno de los métodos más populares de ejecución brutal, pero algunos soldados japoneses utilizaban métodos aún más drásticos y bárbaros, como clavar a sus prisioneros a los árboles, quemarlos vivos y colgarlos por la lengua.

---

[1] Margolin, J-L. (2006). "Japanese Crimes in Nanjing, 1937-1938: A Reappraisal", *China Perspectives*, enero/febrero de 2006.

Muchos de los horrores que se llevaron a cabo contra los prisioneros fueron captados por reporteros y fotógrafos. La documentación y las imágenes de la masacre de los soldados derrotados todavía están disponibles, y algunas se han colgado en Internet como recordatorio de lo horrible que fue la experiencia casi desde la llegada de los soldados japoneses a la ciudad (estas imágenes son difíciles de ver debido a la brutalidad que se muestra en ellas, por lo que no se han incluido en este libro). Es probable que los soldados no supieran que sus acciones eran ilegales, pero como muestran las imágenes, lo que hicieron fue claramente incorrecto. En los años que siguieron al final de la Segunda Guerra Mundial, los soldados decían que simplemente seguían las órdenes que se les habían dado. Algunos pensaron que su método de ejecución era aceptable debido a la forma salvaje en que los oficiales habían atacado. La forma en que relataban los acontecimientos de esa primera semana es inquietante, sobre todo porque era muy parecida a la forma en que los soldados de la Alemania nazi estaban dispuestos a seguir sus órdenes igualmente horribles.

Al final de esa primera semana, se calcula que unos cuarenta mil chinos habían sido asesinados por los invasores. Fue el primer gran crimen de guerra que se cometería en el transcurso de la Segunda Guerra Mundial. Desgraciadamente, solo fue el comienzo de los horrores que siguieron a la rendición de la ciudad. La matanza de soldados y hombres que estaban en edad de ser reclutados fue el comienzo de una pesadilla para los civiles que permanecieron en la ciudad. Aunque que la mayoría de los hombres chinos fueron masacrados en los primeros días, los que aún estaban vivos serían asesinados en su mayoría antes de que los comandantes japoneses recuperaran el control sobre sus hombres.

Capítulo 11 - La violación de decenas de miles de personas

Mientras los prisioneros chinos eran ejecutados fuera de la ciudad, los soldados japoneses que permanecían dentro de las murallas comenzaron a cometer atrocidades contra los ciudadanos. A diferencia de los soldados que actuaban bajo órdenes fuera de la ciudad, los hombres que habían entrado en Nankín no tenían órdenes de causar daño. Sus acciones pasarían a ser clasificadas como actos criminales, lo que significa que las acciones de estos soldados no se realizaron en calidad de militares. Se ha dicho que los soldados eran indisciplinados, pero a tenor de la barbarie de los ataques contra ciudadanos desarmados, el problema no se basaba en la falta de disciplina de los soldados, sino que indicaba un problema mucho más profundo.

Los tres capítulos siguientes examinan los tres tipos principales de crímenes que los japoneses cometieron contra los ciudadanos chinos que no tenían medios para escapar de Nankín.

El primer tipo de crimen vendría a ser la inspiración de uno de los nombres de la Masacre de Nankín: la Violación de Nankín. Durante seis semanas, los soldados japoneses masculinos se movieron por la ciudad, haciendo lo que les venía en gana. Un gran número de ellos comenzó a cazar mujeres. No les importaba la edad de la mujer, ya que el rango de edad de las mujeres y niñas agredidas estaba entre los diez y los sesenta años. La víctima más joven de la que se tiene constancia tenía solo nueve años, mientras que la más anciana rondaba los setenta. Las mujeres embarazadas tampoco estaban a salvo. Las mujeres eran secuestradas y luego violadas por individuos o por grupos de soldados que no las veían como personas.

Después de ser violadas, muchas de las mujeres fueron mutiladas y asesinadas, y los niños también fueron víctimas de las acciones bárbaras de los invasores. Los niños pequeños y los bebés que se consideraban un obstáculo para los soldados que querían atacar y violar a sus madres o hermanas fueron asesinados. También fueron asesinadas las madres y abuelas que trataron de impedir que se llevaran a sus generaciones más jóvenes.

Aunque había ocasiones en las que soldados individuales actuaban para violar a las mujeres, la mayoría de las veces los invasores actuaban en pequeños grupos, de modo que una mujer era asaltada repetidamente en una ocasión y probablemente se enfrentaría a la misma tortura en una fecha posterior si no era brutalmente mutilada y asesinada después de ser violada en grupo. Estos soldados tendrían que hablar finalmente sobre lo que habían hecho, y dirían que no querían matar a las mujeres después de violarlas, pero que no podían dejar ninguna prueba. Durante los tribunales de guerra, a los soldados les resultaba más fácil relatar los saqueos y asesinatos que habían cometido, pero se sentían visiblemente incómodos al hablar de lo que habían hecho a las mujeres antes de matarlas.

Las mujeres eran violadas delante de las demás y, a veces, delante de sus familias. Algunas de las mujeres secuestradas eran llevadas al lugar donde se alojaban los soldados japoneses y eran retenidas durante la noche o, en algunos casos, durante más de una semana, donde eran agredidas repetidamente mientras los soldados iban y venían. Las que eran retenidas durante más tiempo eran a menudo obligadas a trabajar para los soldados, sirviéndoles y limpiando durante el día, y siendo luego esclavas sexuales por la noche.

Las mujeres que se resistían eran atacadas, a menudo con las bayonetas de los soldados. A veces la resistencia significaba que sus familias eran atacadas. No todas las mujeres eran asesinadas, probablemente porque los soldados sabían que no tendrían más salidas para sus impulsos si las mataban a todas. El establecimiento de un lugar para las mujeres de solaz tardaría un tiempo, en gran parte porque Nankín tendría que ser segura antes de poder llevar a estas mujeres. Como no habría un establecimiento oficial para esos servicios, las mujeres de Nankín se vieron a veces obligadas a ello.

Con el tiempo, los soldados japoneses incluso empezaron a entrar en la zona de seguridad designada para encontrar mujeres que no hubieran sido violadas y asaltadas. El líder alemán, John Rabe, tenía una de las únicas formas efectivas de forzar a los japoneses a salir de la zona sin darles una razón para atacar. Como responsable de la Zona de Seguridad, Rabe podía detenerlos mostrando a los invasores su brazalete nazi con la conocida esvástica. Puede que los japoneses se sintieran superiores a los chinos, y es bastante probable que muchos de ellos se sintieran superiores incluso a sus aliados, pero los soldados no estaban dispuestos a arriesgarse a meterse en problemas por desobedecer a un aliado fácilmente reconocible. Aunque los japoneses no habían reconocido oficialmente la Zona de Seguridad, un nazi estaba a cargo del área, y claramente se tomaba el papel muy en serio. Durante las semanas de caos, Rabe acabó adoptando una posición de protector, yendo de un lado a otro en su vehículo para ayudar a la gente de la Zona de Seguridad a no ser asaltada. Existen varias historias de cómo ahuyentó a los soldados que estaban violando a las mujeres, una vez arrojando a un soldado de una mujer. En otra ocasión, asustó tanto a otro soldado que el hombre huyó sin ponerse los pantalones. Al parecer, su presencia hizo que los soldados japoneses temieran ser atrapados, un sentimiento que los soldados no tenían hacia sus propios oficiales. Esta es una desafortunada ilustración de lo poco que hicieron los oficiales para detener a sus propios hombres. Otras personas de la zona no tendrían tanto éxito en impedir la violación de ciudadanos chinos que buscaban refugio. Esto demuestra que había una completa falta de respeto por las naciones extranjeras, especialmente cuando la gente de la Zona de Seguridad empezó a enviar informes sobre el comportamiento de los japoneses después de que entraran en la ciudad.

Las violaciones, mutilaciones y asesinatos de mujeres durarían mucho más que la matanza de los soldados. Mientras que la mayoría de los soldados y hombres jóvenes fueron asesinados en una semana, las mujeres fueron víctimas durante las seis semanas que los japoneses arrasaron Nankín. Se calcula que entre el 10 y el 30 por ciento de las mujeres de entre quince y cuarenta años fueron víctimas de agresiones sexuales durante ese tiempo. Algunos informes indican que en el peor momento del caos, los soldados violaban hasta mil mujeres por noche. Según los occidentales que habían permanecido en la Zona de Seguridad, fueron testigos de entre ocho mil y veinte mil incidentes de violación, y no hay forma de saber cuántas agresiones sexuales se perpetraron realmente, ya que a veces no había testigos para denunciarlas.

El número de mujeres violadas es imposible de saber porque los soldados no llevaban registros de esta atrocidad en particular. Tampoco parece haber habido órdenes particulares para abordar el problema, y parece que se permitió a los soldados hacer lo que quisieran durante las seis semanas posteriores a su entrada en la ciudad. Sin embargo, hubo testigos del bárbaro trato que recibieron las mujeres, y que marcaría mentalmente a quienes vivieron el caos.

Capítulo 12 - Asesinatos en masa y profanación de los muertos

Casi como un reflejo de las ejecuciones que ocurrían fuera de la ciudad, los soldados japoneses dentro de la ciudad parecían querer aliviar sus agresiones de forma similar. Comenzaron a apuñalar al azar a ciudadanos —mujeres, niños y ancianos— con bayonetas sin previo aviso. Algunos empezaron a atacar con saña y a mutilar a los ciudadanos con cuchillos, y los invasores parecían despreocupados mientras atropellaban a los ciudadanos con tanques a su paso por la ciudad.

Los ciudadanos normales fueron abatidos a tiros en las calles cuando intentaron huir de los furiosos soldados. Las personas que se negaron a dar a los japoneses lo que querían fueron asesinadas. El reverendo John Magee dijo de los soldados invasores que «no solo mataron a todos los prisioneros que pudieron encontrar, sino también a un gran número de ciudadanos normales de todas las edades. Muchos de ellos fueron abatidos como la caza de conejos en las calles. Hay cadáveres por toda la ciudad». Algunos han descrito estas matanzas como asesinatos indiscriminados. Aunque se hizo menos por investigar las violaciones de mujeres, la matanza aleatoria de ciudadanos se investigó casi inmediatamente después de que se restableciera el orden en la ciudad.

Durante un periodo de seis semanas, hubo informes de que algunos oficiales animaron a sus hombres a ser más inventivos en la forma de matar a los ciudadanos. Después de varias semanas de matar sin sentido a muchos de los residentes de la ciudad, los cuerpos yacían por toda la ciudad, y las carreteras estaban mezcladas con fluidos corporales, precipitaciones y combustible. Los japoneses eran conscientes de que esta era una condición ideal para que se encontrasen numerosas enfermedades, por lo que se vieron obligados a cambiar la forma de seguir matando a los habitantes de Nankín.

Parecía que todo pretexto de fingir preocupación por los soldados había desaparecido, y los soldados imperiales empezaron a reunir a los ciudadanos para matarlos en lugares que desde entonces se han descrito como fosas de matanza. Tanto si se les ordenó hacerlo como si no, los soldados empezaron a ser más creativos y crueles en sus métodos para matar a la gente a su merced. Algunos de los civiles fueron enterrados vivos, mientras que otros se convirtieron en maniquíes de práctica para los soldados, que practicaban maniobras con espadas y bayonetas. Otros civiles inocentes fueron cubiertos de gasolina y quemados vivos, algo que ya habían hecho a los soldados chinos durante la primera semana. El lugar donde se produjeron estos actos inimaginablemente inhumanos estaba cerca del río Yangtzé, por lo que los soldados arrojaron a sus víctimas al agua para que las sacaran de la ciudad cuando terminaran. Algunos han descrito que el río estaba tan lleno de cuerpos humanos que parecía estar rojo con su sangre.

Al principio, los japoneses parecían intentar ocuparse adecuadamente de los cuerpos tras las matanzas. Entre el 24 de diciembre de 1937 y el 6 de enero de 1938, se enterraron más de 5.700 cadáveres cerca de la Puerta de Hepingmen, tanto de soldados como de civiles. Entre el 6 de enero y el 31 de mayo de 1938, casi siete mil cuerpos fueron enterrados en otros lugares. Los japoneses registraron que aproximadamente cincuenta y siete mil personas fueron enterradas, pero no tenían la mano de obra ni el dinero para seguir enterrando a todas sus víctimas. Cuando se restableció una especie de orden, los residentes de la ciudad comenzaron a enterrar a algunos de los muertos, y se calcula que al final se enterraron 260.000. Pero no todos los cuerpos fueron enterrados. Algunos fueron quemados, otros fueron abandonados en el río y otros fueron utilizados para prácticas de tiro. Los cuerpos de las víctimas fueron a menudo tratados con tan poco respeto como los civiles chinos vivos.

No existe constancia de cuántas personas fueron asesinadas durante ese tiempo. Sin embargo, el recuento de cadáveres no debería ser el centro de atención de las atrocidades; en cambio, lo importante es la evidencia innegable de una masacre a gran escala. Se pueden debatir los números enteros, pero simplemente hay demasiadas pruebas para ignorar que los japoneses cometieron crímenes de guerra. Los métodos de matanza de los chinos en las afueras de la ciudad demostraron que, al menos, la ejecución de los prisioneros de guerra no fue el resultado de soldados indisciplinados que hacían lo que les daba la gana, sino de un completo desprecio del derecho internacional por parte de los oficiales. Las ejecuciones fueron sistemáticas y bien organizadas, aunque los métodos no fueran uniformes. Existen pocas pruebas de que se dieran órdenes directas para la mayoría de las matanzas que se produjeron en la ciudad, pero como las violaciones y los asesinatos de civiles se prolongaron durante semanas, es imposible ignorar que los oficiales al menos toleraban ese comportamiento. Todo esto estaba claro para quienes eran testigos de lo que ocurría, y se volvería contra los oficiales y los que estaban al mando después del final de la guerra. Sin embargo, hasta ese momento, los dirigentes hicieron poco por controlar a sus oficiales hasta que el alto mando japonés se enteró finalmente de los hechos y envió órdenes para detener el caos dentro de la ciudad. Sea lo que sea lo que querían los líderes militares de Japón, la masacre de los civiles chinos ciertamente no formaba parte de su plan. En última instancia, querían controlar China, lo que significaba que necesitaban una fuerza de trabajo y edificios desde los que gobernar.

Durante un mes y medio, la ciudad fue una auténtica pesadilla para la gente que residía allí, e incluso después de que se restableciera el orden, tendrían pocas esperanzas de que los japoneses respetaran el derecho internacional; después de todo, tanto los chinos como los occidentales habían visto lo poco que el ejército y el gobierno japoneses controlaban a su fuerza invasora.

Capítulo 13 - Robo de objetos de valor y destrucción de la ciudad

A medida que los soldados japoneses se abrían paso por la ciudad, comenzaron a robar a los ciudadanos, a menudo a punta de pistola. Pronto empezaron a entrar en las casas, robando lo que podían llevarse cuando abandonaran la ciudad. Como si quisieran ocultar lo que habían hecho, empezaron a quemar edificios y casas. También destrozaron Nankín, destruyendo aún más la ciudad después de los bombardeos que se habían producido antes de la llegada del Ejército Imperial.

Durante el caótico reinado de los soldados, se produjeron numerosos saqueos e incendios provocados en la ciudad, de forma similar a lo que harían los nazis en los guetos judíos unos años después. La principal diferencia era que los japoneses destruían los edificios más antiguos, las tiendas y las casas en una ciudad con importancia histórica para los chinos. Esto podría haber sido un método para desmoralizar aún más a los chinos que vivían en otras ciudades.

Aunque los soldados no destruyeron los edificios dentro de la Zona de Seguridad, sí robaron a los refugiados que estaban allí. Los invasores se llevaron comida y las pocas posesiones que tenían los refugiados. El Comité Internacional de la Zona de Seguridad no podía hacer mucho para impedir que los soldados hicieran lo que hacían fuera de la zona, y solo había unas pocas medidas que podían tomar contra los soldados que estaban en la Zona de Seguridad, ya que los soldados también podían volverse contra ellos. Dados los horrores que los soldados estaban cometiendo a su alrededor, es fácil ver el dilema al que se enfrentaban el Comité Internacional y los occidentales. Para mantener algún tipo de protección para los refugiados, no podían hacer casi nada para intervenir en lo que estaban presenciando. Afortunadamente, muchas de las instalaciones vitales se encontraban dentro de la Zona de Seguridad, incluyendo instalaciones médicas, edificios administrativos y edificios educativos. Esto significaba que la mayoría de las estructuras que albergaban cosas de valor monetario (como el arte) eran vulnerables a los soldados.

Algunos de los saqueos fueron caóticos, pero hubo elementos mucho más calculados y eficientes. Se introdujeron camiones para llevarse los objetos más grandes, creando algo parecido a un convoy. Estos camiones se llevaron rápidamente los objetos de valor de Nankín, probablemente para asegurarse de que las cosas no ardieran cuando pudieran ayudar a financiar al ejército. Este crimen en particular no fue perpetrado solo por los soldados, ya que los oficiales también participaron. Los oficiales solían ser los primeros en elegir lo que querían y saqueaban los objetos más valiosos. Uno de los oficiales más conocidos, el teniente general Kesago Nakajima, respondió al general Iwane Matsui (que estaba molesto por el saqueo) diciendo: «¿Por qué importa tanto el robo de piezas de arte cuando estamos robando un país y vidas humanas? ¿Quién se beneficiaría de estas piezas, aunque las dejáramos?». Aunque suene insensible, el teniente general tenía razón. Matsui no había logrado detener otros crímenes mucho peores; el robo de objetos no era ni de lejos tan importante.

Cuando la mayoría de los objetos de valor desaparecieron, los japoneses comenzaron a destruir los edificios que quedaban en pie. La única zona que parecía haber quedado en paz era la Zona de

Seguridad. Casi todas las demás partes de la ciudad serían casi inhabitables al final de esas primeras seis semanas. Se calcula que hasta un tercio de Nankín fue demolido por los saqueos y otros actos de destrucción. Las tiendas y los negocios fueron completamente saqueados, por lo que los chinos no tendrían mucho a lo que volver una vez que se restableciera algo parecido a la normalidad en Nankín.

Es difícil decir cuánto de esto fue ordenado por los oficiales japoneses, pero es obvio que sabían lo que los soldados estaban haciendo en la ciudad. El número de edificios en llamas sin ningún tipo de combate activo habría sido imposible de pasar por alto. Probablemente se permitió (si no se ordenó) porque ayudaría a destruir la cultura china dentro de la ciudad. Con el deterioro de la cultura antigua, sería más fácil para los japoneses entrar en la ciudad y remodelarla a su gusto. Los japoneses pasaron la mayor parte de 1937 y 1938 intentando dividir China en fragmentos que fueran más fáciles de controlar. Solo después de enfrentarse a una gran resistencia, los japoneses dejaron de intentar dividir la nación (durante 1939 y 1940) y simplemente se esforzaron por conquistar la nación tal y como estaba.

Capítulo 14 - Los informes de las violaciones y atrocidades llegan a los generales y comienzan las investigaciones

Uno de los mayores debates que se produjeron desde los horribles sucesos de Nankín fue determinar quién era el culpable y a qué altura de la cadena de mando había que ir para encontrar a los culpables.

El recuento de los hechos desde la zona de seguridad de Nankín

Aunque el Ejército Imperial no respetó del todo la Zona de Seguridad de Nankín, muchos de los extranjeros que vivían allí fueron dejados en paz (aunque los ciudadanos chinos no tuvieron tanta suerte). La Zona de Seguridad actuó como lugar de refugio para hasta 200.000 ciudadanos chinos, y los extranjeros acogieron a todas las personas que pudieron entre la llegada de los japoneses y hasta que la zona se disolvió en febrero.

Los extranjeros pronto actuaron en un papel igualmente crítico cuando los soldados japoneses empezaron a violar y matar a los ciudadanos, algo que sabían que iba en contra de las leyes de la guerra establecidas por las Convenciones de La Haya.

Al principio, los ciudadanos europeos y estadounidenses comenzaron a enviar informes a los diplomáticos japoneses, con la esperanza de que intercedieran y detuvieran las prácticas bárbaras de sus propios soldados. Estas cartas incluyen relatos de las cosas que presenciaron los occidentales en la Zona de Seguridad, que habían añadido para subrayar que la presencia de los extranjeros no era suficiente para persuadir a los soldados de que actuaran de acuerdo con las leyes. Las cartas llegaron a conocerse como los "Casos de Desorden", un nombre que no refleja con exactitud la gravedad de los problemas ni el contenido de esas cartas. Como resultado de los horrores, el Comité Internacional dentro de la Zona de Seguridad comenzó a registrar los acontecimientos, tal vez por si los japoneses no hacían nada para detener las violaciones y las masacres incontroladas o tal vez para que pudieran informar a sus propias naciones para hacerles saber lo brutales que eran los soldados japoneses. También es posible que los habitantes de la Zona de Seguridad planearan utilizar la información contra los japoneses más adelante como prueba de que se habían cometido crímenes de guerra. Uno de los relatos grabados de los Casos de Desorden recordaba algunas de las acciones de los soldados japoneses en un templo chino:

> Llegaron muchos soldados japoneses, reunieron a todas las jóvenes, eligieron a 10 y las violaron en una habitación del templo. Más tarde, ese mismo día, un soldado japonés muy borracho entró en una habitación exigiendo vino y mujeres. Le dieron vino, pero no mujeres. Enfurecido, empezó a disparar a mansalva, matando a dos jóvenes, y luego se marchó.

Este es solo uno de los muchos relatos desgarradores de la poca consideración que los soldados japoneses tenían por la gente que vivía en la ciudad. Otro occidental que escribió a casa sobre lo ocurrido fue Robert Wilson. Relató los hechos que había presenciado, aunque no se sabe por qué los relató a su familia, ya que fueron bastante traumáticos.

La matanza de civiles es espantosa. Podría seguir durante páginas relatando casos de violación y brutalidad casi increíbles. Dos casos de bayonetazos son los únicos supervivientes de siete limpiadores de calles que estaban sentados en su cuartel general cuando los soldados japoneses entraron sin aviso ni razón y mataron a cinco de ellos e hirieron a los dos que encontraron el camino al hospital.

- 15 de diciembre, Robert Wilson

Pasé una hora y media esta mañana curando a otro niño de ocho años que tenía cinco heridas de bayoneta, incluyendo una que le penetró en el estómago, una parte del epiplón estaba fuera del abdomen.

- 19 de diciembre, Robert Wilson

Relatos como estos registrados por el Comité Internacional se utilizarían más tarde para ayudar a poner de manifiesto lo descontrolados que estaban los invasores en aquellos primeros días y la lentitud del gobierno y los mandos japoneses para controlar el problema.

En última instancia, fueron las cartas y los maletines que los occidentales guardaron durante esas seis semanas de pesadilla los que se convertirían en el registro de lo sucedido. Muchos de estos documentos aún están disponibles. Hay muchos menos relatos de las propias víctimas, aunque probablemente no tenían a quién pedir ayuda. Los funcionarios habían huido antes de que llegaran los invasores, dejando atrás a soldados y ciudadanos en su mayoría sin formación para que se defendieran de un enemigo increíblemente hostil y agitado. Aun así, existen algunos relatos de lo sucedido por parte de las víctimas chinas, y se mantienen con los relatos escritos por los occidentales.

En otro extraño giro de la ironía, John Rabe escribió a Adolf Hitler, esperando que el Führer interviniera para salvar a los ciudadanos chinos. Es una extraña nota de simpatía por parte de una persona que formaba parte de un partido que promulgaría atrocidades igualmente horribles en Europa. Ambos bandos parecían capaces de reconocer las atrocidades del otro, mientras que no lograban correlacionar la misma condena para las propias. Esto dio a ambos bandos una sensación de superioridad sobre el otro, al tiempo que tenían la misma incapacidad para reconocer lo similares que eran sus ideologías. Independientemente de lo que se dijera en las súplicas de Rabe, Hitler decidió ignorar la petición de ayuda. Junto con sus peticiones de ayuda, Rabe llevó su propio diario de los acontecimientos. Este se pondría a disposición del público a finales de siglo, mostrando lo que la gente de la ciudad experimentó mientras los soldados japoneses se movían sin control por la ciudad.

La reacción del Alto Mando

Hasta el 5 de febrero de 1938, los miembros del Comité Internacional habían enviado más de 450 cartas solo a la Embajada de Japón, detallando el comportamiento de los soldados invasores. Muchas de las actividades de los soldados dentro de la ciudad no habían sido cometidas en base a órdenes del alto mando japonés, por lo que los relatos de los occidentales eran probablemente impactantes. Además, los informes eran demasiado numerosos para ser ignorados. Los militares japoneses tenían un férreo control sobre los relatos de los medios de comunicación acerca de lo que hacían las tropas, y los sucesos de Nankín eran definitivamente algo de lo que no querían que el pueblo japonés se enterara, por lo que hicieron todo lo posible para encubrir cualquier registro de lo que había sucedido, empezando por los informes que tomaron los que estaban en la ciudad.

Sabiendo muy bien qué tipo de atrocidades habían cometido sus soldados en Nankín, los militares siguieron presentando a los hombres como héroes para que la población japonesa en general siguiera apoyando el impulso de la nación para convertirse en un imperio. Parecían seguir el método tradicional utilizado por todas las demás naciones que se esforzaban por ser un imperio, independientemente del éxito que tuvieran a largo plazo.

Comienza la primera investigación

En marzo de 1938 comenzó una investigación sobre esta evidente actividad criminal. La encabezó Lewis Smythe, un misionero cristiano y sociólogo estadounidense que había permanecido en la Zona de Seguridad. Con la ayuda de una veintena de estudiantes de la Universidad de Nankín, comenzaron a recopilar datos sobre el número de personas asesinadas durante aquellas caóticas semanas que siguieron a la victoria de Japón.

Primero se dirigieron a Jiangning Xian, situada en las afueras de Nankín, donde obtuvieron unas estadísticas asombrosas.

- Aproximadamente 9.160 personas fueron asesinadas en la región.

- Más de tres cuartas partes de los asesinados eran hombres.

- Casi el 60 por ciento de los civiles masculinos asesinados eran hombres de entre quince y cuarenta y cuatro años, y probablemente fueron asesinados con la excusa de que no eran soldados.

- Cerca del 11 por ciento de las mujeres asesinadas tenían entre quince y cuarenta y cuatro años. Este grupo de edad fue también el más atacado por las violaciones.

- Alrededor del 83 por ciento de las mujeres asesinadas tenían más de cuarenta y cinco años.

- Aproximadamente el 8 por ciento de los asesinados eran niños de entre cinco y catorce años, y cerca del 2 por ciento eran niños de cuatro años o menos.

Estos resultados sugieren que un mayor número de mujeres mayores se quedaron atrás, probablemente creyendo que serían algo respetadas por el Ejército Imperial. A estas mujeres se les encomendó probablemente la tarea de garantizar la protección de sus hogares y tiendas y de restablecer el orden lo antes posible. El resto de sus familias habían huido de la zona o, especialmente si los japoneses estaban demasiado cerca, se dirigieron a la Zona de Seguridad. Esto explicaría por qué había menos gente en la región, pero un mayor número de mujeres mayores. Debido al número de mujeres mayores asesinadas, está claro que los japoneses no les brindaron ningún tipo de respeto. Algunas de las mujeres fueron asesinadas directamente, mientras que otras fueron abandonadas en los edificios cuando los soldados los quemaron hasta los cimientos.

Capítulo 15 - La declaración del restablecimiento del orden

Irónicamente, los japoneses habían empezado a intentar que los ciudadanos chinos volvieran al trabajo durante la primera parte de enero de 1938, incluso mientras los soldados seguían violando, saqueando y matando. Una de las razones por las que esto era necesario era que los japoneses simplemente no tenían los suministros necesarios para alimentarse. Habían conseguido hacerse con muchos objetos de valor, pero esos objetos no valdrían nada si los japoneses no sobrevivían a la ocupación de Nankín. A finales de enero, los soldados japoneses habían empezado a obligar a la gente que se había refugiado en la Zona de Seguridad a volver a sus casas o a lo que quedaba de ellas.

Se dice que, a solas con uno de sus ayudantes, el general Iwane Matsui expresó su conmoción por lo terriblemente fuera de control que se había vuelto la situación:

> Ahora me doy cuenta de que, sin saberlo, hemos causado un efecto muy grave en esta ciudad. Cuando pienso en los sentimientos de muchos de mis amigos chinos que han huido de Nankín y en el futuro de los dos países, no puedo sino sentirme deprimido. Me siento muy solo y nunca podré

alegrarme por esta victoria... Personalmente, siento las tragedias de la gente, pero el Ejército debe continuar a menos que China se arrepienta. Ahora, en el invierno, la estación da tiempo para reflexionar. Ofrezco mi simpatía, con profunda emoción, a un millón de personas inocentes.

- General Matsui (recogido en la obra de Iris Chang *The Rape of Nankín: The Forgotten Holocaust*, 1991)

El general Matsui estaba al tanto de lo que ocurría en la ciudad y, en varias ocasiones, dio órdenes a sus hombres para que "se comportaran correctamente", algo que les había ordenado en un principio. Sin embargo, no se trataba del tipo de soldados bien entrenados a los que estaba acostumbrado. Los soldados eran más jóvenes y habían sido entrenados bajo una ideología diferente a la que había prevalecido cuando el general Matsui había servido inicialmente en el ejército. Se dice que cuando se puso en pie para dirigirse al Ejército Imperial en febrero de 1938, estaba conteniendo las lágrimas. Mientras reprendía a los hombres que se habían comportado de forma contraria a lo que era honorable, creía que las acciones en Nankín harían un daño irreparable a la imagen que los militares japoneses habían intentado crear. Tal vez sabía que había demasiados testigos para que los crímenes quedaran completamente ocultos. Desde los occidentales que habían estado allí para presenciarlo hasta las víctimas vivas, Matsui probablemente tenía suficiente experiencia en la guerra como para saber que el daño causado era de una escala demasiado grande como para esconderlo bajo la alfombra. También era probable que se avergonzara de no haber mantenido a sus hombres bajo control. En comparación con los otros dos comandantes y el príncipe, el general Matsui había construido su reputación sobre el honor y el respeto. Nada de lo sucedido desde que el ejército llegó a China había cumplido sus expectativas de cómo deberían haber tratado a los chinos. También es probable que supiera que las naciones occidentales se centrarían más en los sucesos de Nankín y lo considerarían una prueba de que los japoneses se habían modernizado solo en lo que respecta a su economía. Las acciones de los militares fueron bárbaras y caóticas, algo que definitivamente mancharía la reputación de Japón en todo el mundo.

La Zona de Seguridad se disolvió en febrero de 1938 cuando los japoneses comenzaron a establecer un gobierno para la ciudad. Mientras Japón intentaba crear una apariencia de orden, comenzó a retirar a las personas que eran responsables de mantener a los hombres bajo control. A Matsui y al príncipe Yasuhiko Asaka se les dijo que regresaran a Japón, donde el general Matsui volvió a retirarse del servicio militar activo. Se cree que podía padecer tuberculosis, y también había demostrado que ya no era capaz de mantener el control sobre los hombres como cuando era más joven. Aunque estaba retirado, el ex general actuó como asesor militar durante los dos años siguientes, ayudando al Gabinete a tomar decisiones sobre cómo proceder mientras se adentraban en China y comenzaban a dirigirse al sur, hacia las Filipinas. A principios de 1940, Matsui ayudó activamente a conseguir una estatua de Kannon (la deidad japonesa de la misericordia y los animales domésticos) para colocarla en Atami, la ciudad donde vivía. Cuando se erigió, la estatua se giró en dirección a Nankín. Más adelante en la guerra, viajó un poco, yendo a Birmania, China, Malaya, Tailandia y algunos otros lugares en su papel de presidente de la Asociación de la Gran Asia. Durante la mayor parte del resto de la Segunda Guerra Mundial, su papel fue más discreto, aunque el ex general permaneció activo durante la mayor parte del tiempo entre 1938 y 1945.

Capítulo 16 - Wang Jingwei, el gobierno títere y el final de la guerra

Los altos mandos del ejército y del gobierno japonés sabían que necesitaban poner a alguien al frente de la ciudad que ayudara a sofocar el malestar que habían provocado sus soldados. Evidentemente, no podían poner a un ciudadano japonés al frente de la ciudad china, así que buscaron a alguien que consideraran que podían controlar. El hombre que seleccionaron fue Wang Jingwei. Para cuando Wang murió, los japoneses tenían problemas mucho más importantes, por lo que la región fue abandonada en gran medida a su suerte.

Breve historia de Wang Jingwei

Nacido en 1883, Wang fue criado como un estudiante de educación tradicional china. Su familia formaba parte de la pequeña burguesía china en una época de gran agitación política. Aprendió todas las artes culturales importantes, como la caligrafía, la poesía y la prosa china. Esto le ayudaría a convertirse en un hábil orador cuando creciera. La primera vez que pareció interesarse por el gobierno fue en 1903, cuando se presentó con éxito al examen de la administración pública. Esto le valió una beca que le llevaría a Japón, donde asistió a la Facultad de Derecho de Tokio. Durante su estancia en Japón, se convertiría en uno de los miembros fundadores de la T'ung Meng Hui, una asociación que buscaba una revolución en China. Gracias a su sorprendente facilidad de palabra, se convirtió en uno de los principales propagandistas del grupo. Wang ganó atención como figura nacional cuando ayudó en el intento de asesinato del príncipe regente chino. Cuando fracasó, Wang fue arrestado por su papel y estuvo encarcelado entre 1910 y 1911. Durante la Revolución de 1911, se convirtió en uno de los principales negociadores entre los dos bandos.

Wang se casó en 1912 y se trasladó a Francia, donde continuó su formación hasta 1917. A su regreso a China, volvió a apoyar activamente a Sun Yat-sen, el primer presidente de la República de China. Durante este tiempo, Wang se distinguió, y cuando Sun murió en 1925, Wang se convirtió en el jefe del KMT (el Partido del Kuomintang) y del gobierno revolucionario que estaban formando. Cuando Chiang Kai-shek dirigió un golpe militar contra los revolucionarios en 1926, Wang huyó de la región. Regresó al año siguiente y pronto se convirtió en el líder del gobierno nacionalista de Wuhan. Al principio, él y su partido se alinearon con Chiang, pero al cabo de un año, Wang se encontró en desacuerdo con los comunistas. Al cambiar sus puntos de vista, el partido obligó a Wang a abandonar la posición de liderazgo que había ocupado en el partido. Encontró una nueva posición como principal opositor a Chiang y sus métodos dentro del Kuomintang, y apoyó varios intentos de desalojar a Chiang del poder hasta 1932.

Tras el Incidente de Manchuria (cuando Japón logró reocupar la región en 1931), Wang y Chiang dejaron de lado sus diferencias al darse cuenta de que había un problema mucho mayor al que debían enfrentarse. Ambos formaron una coalición y trabajaron para establecer una política de resistencia mínima mientras los japoneses se apoderaban de la región. Tanto Wang como Chiang sabían que el ejército chino no era lo suficientemente fuerte para enfrentarse a los japoneses, por lo que esperaban ganar algo de tiempo para construir y reforzar el ejército. Entre 1931 y 1935, Wang ocupó el cargo de primer ministro, colaborando con su oponente hasta que hubo un intento de asesinato contra su vida. El intento no tuvo éxito, pero Wang resultó herido y la bala se quedó en su cuerpo. Tal vez sintiendo que ya no era capaz de servir en la capacidad que necesitaban, el partido y Chiang obligaron a Wang a retirarse.

Al iniciarse la segunda guerra sino-japonesa, el control de Chiang sobre el partido aumentaría, mientras que el poder de Wang se vería continuamente disminuido. La retirada forzada de Wang no le impidió participar en la política y en el partido, y pudo conseguir otro alto cargo dentro del Kuomintang. Sin embargo, se convirtió más en un símbolo que en un miembro con poder real. Al dejar de ser un instrumento en la dinámica del poder, Wang tendría una mejor posición para ver cómo sufrían los chinos bajo el mandato de Chiang, así como para escuchar los rumores de cómo los japoneses trataban al pueblo chino durante 1937. Se dice que actuó de una manera que pensaba que aliviaría el sufrimiento del pueblo chino, así como de una manera que estaba diseñada para debilitar el poder de Chiang sobre el partido. Wang quería establecer un acuerdo de paz con los japoneses para detener la violencia.

Tras la violación de Nankín y las demás atrocidades cometidas por las fuerzas japonesas a medida que se adentraban en China, las ideas de Wang serían inaceptables. En diciembre de 1938, se vería obligado a huir de China, estableciéndose finalmente de forma temporal en Hanói. Dado que había estado intentando trabajar con los japoneses antes de su salida de China, estos decidieron ofrecerle un puesto para dirigir un nuevo régimen en China. Los dirigentes japoneses le aseguraron que sería autónomo, por lo que Wang aceptó el puesto.

Japón pierde el control al caer Alemania

A pesar de las garantías de que tendría el control, Wang fue poco más que una marioneta del gobierno japonés. También fue muy ineficaz en sus intentos de detener los combates en su región. Wang mantuvo su posición hasta 1944. Ese año, Wang intentó que le extrajeran la bala de su cuerpo y, durante la operación, murió, dejando la región sin una marioneta que los japoneses pudieran controlar. Sin embargo, para entonces, Estados Unidos había entrado en la Segunda Guerra Mundial. La joven nación, enfadada por el ataque a Pearl Harbor, estaba demostrando que requería casi toda la atención del Ejército Imperial. Tratar de controlar las regiones de China no era tan importante como impedir que EE. UU. atacara a Japón.

Por mucho que los japoneses lucharan, no tenían ningún camino para ganar. Estaban demasiado ocupados y trataban de controlar regiones en las que los chinos habían ejecutado políticas de tierra quemada, por lo que sencillamente no tenían acceso a los recursos que necesitaban para enfrentarse a Estados Unidos. Tampoco podían confiar en Alemania. Estaba claro que Hitler y su nación no iban a ganar su lucha en Europa. El 8 de mayo de 1945, Alemania se rindió incondicionalmente a los Aliados. Mientras la mayor parte de Europa quedaba destruida por la guerra, Estados Unidos se había unido tarde a la Segunda Guerra Mundial (declaró la guerra a las Potencias del Eje en diciembre de 1941, tras el ataque japonés a Pearl Harbor, en Hawái). Aparte del ataque a Pearl Harbor, muy poco de EE. UU. se había visto afectado por la guerra (Alemania y Japón habían intentado atacar con globos y submarinos, pero en 1945, ambas naciones estaban demasiado centradas en proteger sus propias tierras). Estados Unidos era rico en recursos, tenía una población mucho mayor y sus fuerzas militares no habían pasado tantos años luchando. Japón había comenzado la segunda guerra sino-japonesa en el verano de 1937, lo que significa que llevaba más de cuatro años luchando cuando se unió Estados Unidos. En 1945, los japoneses llevaban casi una década luchando, mientras que Estados Unidos solo llevaba cuatro años.

Además de tener más recursos y menos soldados cansados, EE. UU. tenía algo que el resto del mundo no conocía: las primeras armas nucleares. A principios de 1945 estaba claro que Alemania caería pronto, así que el primer ministro británico Winston Churchill, el presidente estadounidense Franklin Delano Roosevelt y el primer ministro soviético Iósif Stalin se reunieron en Yalta para discutir qué hacer con Alemania y cómo terminar la guerra en Asia. En aquel momento, Estados Unidos no estaba seguro de cuándo iban a funcionar las armas nucleares, así que cuando el grupo se reunió en Yalta (en lo que se conoce como la Conferencia de Yalta) en febrero de 1945, el Reino Unido y Estados Unidos vieron el valor de contar con el apoyo terrestre de la Unión Soviética. Los tres líderes nacionales discutieron cómo los soviéticos atacarían a Japón, a pesar de que Japón y la Unión Soviética habían establecido un acuerdo de paz unos años antes. Si los soviéticos prestaban apoyo militar contra Japón, tendrían mucha influencia sobre Manchuria tras la rendición japonesa. También decidieron cómo se repartirían las naciones que los nazis habían invadido, obteniendo los soviéticos mucha influencia sobre la parte oriental de Europa y el Reino Unido, y los Estados Unidos más influencia sobre la parte occidental.

Roosevelt murió poco después y el vicepresidente Harry Truman se convirtió en presidente. La esperanza de que EE. UU. y la URSS pudieran adoptar un papel menos adverso tras la guerra se vio pronto truncada, ya que la administración de Truman entró en conflicto con el líder soviético. Cuando Churchill fue destituido y un nuevo primer ministro se unió a las tres naciones, se dice que Stalin se negó incluso a reconocer al nuevo líder. La relación combativa entre los países se acentuó tras la rendición de Alemania. Sin embargo, Stalin siguió cumpliendo su parte del acuerdo y envió a sus hombres a luchar contra Japón. Los EE. UU. trabajaron lo más rápido posible para terminar las bombas con la esperanza de poder obligar a los japoneses a rendirse antes de que los soviéticos entraran en combate. Si los japoneses se rendían primero, el acuerdo de la Conferencia de Yalta no sería válido, por lo que los soviéticos no tendrían tanto que decir.

Además de querer anular el acuerdo con la Unión Soviética, a EE. UU. también le preocupaba el número de vidas que se perderían si la lucha continuaba. Los japoneses eran mucho más fuertes que los alemanes en 1945 (no se enfrentaron al mismo nivel de resistencia que los alemanes), por lo que las estimaciones decían que la guerra se prolongaría durante años. Las atrocidades que los japoneses habían llevado a cabo en las regiones que controlaban eran bastante conocidas, por lo que la pérdida de vidas probablemente habría sido mucho mayor. Sin embargo, los Estados Unidos se centraron principalmente en la pérdida de sus propios soldados en sus cálculos. En última instancia, decidieron que si las armas atómicas podían acabar con la guerra más rápidamente, valía la pena la pérdida de vidas civiles japonesas.

A principios de agosto de 1945, EE. UU. lanzó folletos sobre varias ciudades japonesas (una práctica común durante la Segunda Guerra Mundial), advirtiendo a los ciudadanos de que iban a ser bombardeados. Esto no solo actuó como una forma de reducir la moral, sino que también empujó a los ciudadanos a presionar a su gobierno para que se rindiera. En teoría, también les dio tiempo para huir. Este conjunto inicial de folletos de advertencia se denominó "folletos LeMay" y se lanzó sobre Hiroshima. La advertencia era bastante estándar; sin embargo, no se mencionaba una nueva bomba que sería peor que cualquier cosa que la gente pudiera imaginar en ese momento. La segunda ronda de folletos se lanzó sobre otras ciudades, y la imagen incluía un hongo nuclear. Sin embargo, el texto hablaba de la próxima invasión soviética, que comenzaría el 9 de agosto de 1945. Los registros sugieren que Nagasaki no recibió este folleto hasta después de que la ciudad hubiera sido casi completamente destruida.

Al mismo tiempo que advertían a la población, EE. UU., el Reino Unido y la URSS advirtieron a Japón que se rindiera antes de finales de julio, algo que Japón se negó a hacer. Quizás los japoneses no podían reconocer aún que su derrota era inminente, incluso sin el uso de armas nucleares. Sin embargo, eran la última potencia del Eje que quedaba, lo que significaba que todos sus enemigos estaban totalmente centrados en ellos. No era cuestión de si perderían, sino de cuándo.

El 6 de agosto de 1945, poco antes de las 9 de la mañana en Japón, un pequeño grupo de bombarderos estadounidenses sobrevoló Hiroshima. Todos ellos lanzaron bombas para que el piloto y la tripulación sufrieran la misma culpa tras la destrucción de la ciudad. Puede que los estadounidenses no supieran exactamente el grado de destrucción que tendría, pero sí previeron que sería peor que cualquiera de los bombardeos aéreos anteriores. Más tarde se sabría que la tripulación del *Enola Gay* era el avión que llevaba el arma nuclear viva apodada "Little Boy". La tripulación expresaría más tarde su orgullo por sus esfuerzos, no la pena ni la culpa, algo que parece más escalofriante ahora que los efectos de la bomba son bien conocidos.

Los japoneses perdieron de repente todo contacto con una ciudad entera. Se les advirtió de nuevo que se rindieran, pero los líderes militares intentaban averiguar qué había pasado. Los EE. UU. solo les dieron tres días, lo que no fue suficiente para que fueran testigos de la devastación; no fue suficiente para que los japoneses consideraran plenamente sus opciones, ya que el armamento atómico estaba más allá de la comprensión de la mayoría de la gente en ese momento.

El 9 de agosto de 1945, poco después de las 11 de la mañana en Japón, Estados Unidos lanzó su segunda arma atómica sobre la ciudad de Nagasaki. Una superviviente, Reiko Hada, que solo tenía nueve años en el momento del bombardeo, revivió la experiencia:

> Una luz abrasadora me atravesó los ojos. Los colores eran amarillo, caqui y naranja, todos mezclados. Ni siquiera tuve tiempo de preguntarme qué era... En poco tiempo, todo se volvió completamente blanco. Sentí como si me hubiera quedado sola. Al momento siguiente se oyó un fuerte rugido. Luego me desmayé.

Japón se rindió incondicionalmente el 14 de agosto de 1945. La rendición final se firmó el 2 de septiembre de 1945. La Segunda Guerra Mundial había terminado, pero la Guerra Fría estaba a punto de comenzar. La relación adversa entre Estados Unidos y Japón cambiaría rápidamente a medida que la relación entre Estados Unidos y la URSS se volviera más tensa. Los Estados Unidos sabían que necesitaban más aliados en el Este para evitar la expansión del comunismo en Asia.

Con el fin de la Segunda Guerra Mundial, se reanudaría la guerra civil China, pero cualquiera que fuera el bando ganador, la nación sería comunista. Esto dejaba solo a unas pocas naciones como aliados potenciales de EE. UU., incluyendo a Japón. A diferencia de las naciones occidentales, donde el poder y la influencia estaban divididos en gran medida entre el Reino Unido, la URSS, Francia y los Estados Unidos, Japón estaba bajo el control casi total de los Estados Unidos (las regiones que Japón había ocupado fueron devueltas a sus respectivos países, excepto Manchuria, que estaba bajo la influencia de la URSS debido a la Conferencia de Yalta). Este rápido cambio de enemigos percibidos causaría problemas a la hora de responsabilizar a los japoneses de lo que habían hecho. Sin embargo, las historias de los horrores de la ocupación japonesa en toda Asia no quedarían completamente impunes. Hubo demasiados testigos de lo ocurrido en Nankín para que los militares japoneses quedaran totalmente libres.

Tras la rendición japonesa, se enviaron tropas estadounidenses a Nankín para restablecer el orden de la forma más rápida y segura posible. Llegaron el 3 de septiembre de 1945. Todo el aeródromo donde aterrizaron estaba bajo control japonés. Con unos cincuenta norteamericanos y menos de trescientos ciudadanos chinos, eran ampliamente superados por los setenta mil soldados japoneses. Estos soldados japoneses no habían visto la devastación en su propio país, por lo que no les gustaron las órdenes de deponer las armas. Aun así, no quisieron desobedecer las órdenes, por lo que la ciudad fue ocupada con bastante rapidez por los Estados Unidos. Nankín estaba mucho más organizada que Shanghái, de la que se decía que era un caos tras el final de la guerra. Ambas ciudades caerían pronto bajo el control del gobierno chino y del líder de una de las dos facciones, Mao Zedong. En 1950, la mayoría de los extranjeros habían abandonado Nankín.

Capítulo 17 - El Tribunal de Crímenes de Guerra de Nankín y la vida de John Rabe tras los sucesos de Nankín

A medida que el mundo buscaba respuestas a cómo las cosas podían haberse salido tanto de control para dar lugar a una segunda guerra mundial, con Alemania y Japón cometiendo algunas de las peores atrocidades que se recuerdan, las naciones vencedoras comenzaron a buscar responsables. Al igual que en los juicios de Nuremberg, en los que se buscó responsabilizar a los comandantes alemanes por el Holocausto y otros crímenes de guerra, los Aliados comenzaron a juzgar a destacados funcionarios del gobierno japonés y a sus comandantes militares. Los sucesos de Nankín fueron algunos de los peores crímenes de guerra por los que los japoneses tendrían que rendir cuentas una vez terminada la guerra.

Documentación de las atrocidades

Los occidentales de la Zona de Seguridad habían documentado lo que habían presenciado durante esas seis semanas de diciembre de 1937 y enero de 1938, con cartas, diarios y súplicas a las naciones extranjeras para que intervinieran. Estas volverían a salir a la luz, pero no fueron los únicos detalles registrados sobre esa época de pesadilla. Como ya se ha mencionado, los japoneses tenían reporteros infiltrados, así como los militares, que mantenían sus propios registros. Tal vez la parte más perturbadora de los registros que los japoneses conservaron fueron las inquietantes fotografías que mostraban a hombres de pie sobre sus víctimas indefensas mientras se preparaban para ejecutar a hombres que estaban claramente desarmados. Los soldados posaban mientras sostenían las espadas sobre sus víctimas, cuyos ojos solían estar abatidos al saber lo que les esperaba. Hay muchas fotos de los horribles asesinatos, pero no registraron las violaciones, quizás sabiendo cómo se percibirían esas fotos.

Estas fotos mostraban un lado de los soldados que se consideraría ruin en lugar de glorioso. Algunos ciudadanos chinos llegaron a tener en sus manos algunas de las fotos o los negativos. Después de hacer copias duplicadas, las sacaron a escondidas de China. Esto socavó los intentos del alto mando japonés de destruir todas las pruebas de lo ocurrido en la ciudad. Cuando las naciones vencedoras empezaron a prepararse para iniciar un juicio, las fotos se presentaron como prueba de los hechos. Estas estremecedoras imágenes constituirían una prueba contundente contra todos los niveles del ejército japonés, ya que se podía reconocer fácilmente a los oficiales y otros funcionarios que observaban y participaban en los crímenes de guerra.

Los soldados y oficiales japoneses acabaron hablando de lo sucedido. Algunos admitieron lo que habían hecho durante el tribunal, mientras que otros habían guardado diarios que no fueron destruidos por el gobierno japonés. A lo largo de las décadas, algunos intentarían expiar lo que hicieron, y algunos de sus hijos pedirían un debate más abierto sobre lo sucedido para que la gente pudiera evitar cometer crímenes similares en el futuro.

El Tribunal Militar Internacional para el Lejano Oriente: Determinación de los responsables

El gobierno de Estados Unidos nombró al general Douglas MacArthur para dirigir la ocupación de Japón, que tuvo lugar de 1945 a 1952. Entre sus responsabilidades estaba la de establecer un sistema de justicia de guerra para juzgar a los japoneses por sus crímenes de guerra. En mayo de 1946 se celebró en Tokio el Tribunal Militar Internacional para el Lejano Oriente. Para entonces, los juicios de Nuremberg ya habían establecido los procedimientos a utilizar, por lo que MacArthur y otros dirigentes los utilizaron como modelo para acusar a veintiocho japoneses, entre los que se encontraban tanto miembros del ejército como personalidades del gobierno. Se les acusó de crímenes contra la paz (cargo que incluía su invasión agresiva de países vecinos), crímenes contra la humanidad y crímenes de guerra. Sin embargo, han sido muchos los que han criticado el reducido número de japoneses que acabaron siendo juzgados cuando había muchos más que deberían haber sido incluidos. Como John Dower describiría más tarde la forma en que se eligió a las personas que debían rendir cuentas, se centró en unos pocos seleccionados. No se juzgó a la policía militar japonesa, no se juzgó a los industriales que alentaron la guerra y se beneficiaron de ella, no se juzgó a los miembros de las sociedades secretas y no se juzgó a los científicos que cometieron atrocidades que rivalizaban con las que habían hecho los alemanes. Sin embargo, la ausencia más notable fue la de la familia imperial: ni siquiera el emperador Hirohito fue juzgado por lo que su nación había hecho en su nombre. La justificación vino del general MacArthur, que quería estabilizar la nación lo antes posible. Los

Estados Unidos consideraron que la mejor manera de hacerlo era dejar al emperador como jefe de gobierno. El pueblo, especialmente los soldados, había actuado en su nombre, por lo que se esperaba que su presencia constante como líder ayudara a los japoneses a aceptar su derrota y la ocupación estadounidense. El Tribunal del Lejano Oriente tampoco se centró únicamente en lo ocurrido en Nankín, pero fue uno de los principales acontecimientos que se examinaron.

A diferencia de los juicios de Nuremberg, el Tribunal del Lejano Oriente juzgaba principalmente a personas por no haber actuado, lo que se conoce como crímenes de omisión. El general Iwane Matsui y Koki Hirota (el ministro de Asuntos Exteriores cuando se produjeron las atrocidades) fueron quizás las dos personas más señaladas por crímenes de omisión, ya que no habían controlado a los soldados. La fiscalía aportó pruebas de que ambos hombres sabían lo que estaba ocurriendo en Nankín, pero no tomaron medidas para evitar que las actividades se produjeran durante demasiado tiempo. Ambos hombres fueron condenados, siendo la sentencia de Hirota especialmente mordaz:

> El tribunal opina que Hirota faltó a su deber al no insistir ante el Gabinete en que se tomaran medidas inmediatas para poner fin a las atrocidades, a falta de cualquier otra acción que tuviera a su alcance para lograr el mismo resultado. Se contentó con confiar en garantías que sabía que no se estaban aplicando mientras se cometían diariamente cientos de asesinatos, violaciones de mujeres y otras atrocidades. Su inacción equivalía a una negligencia criminal.
>
> - Tribunal Militar Internacional para el Lejano Oriente: Sentencia del 4 de noviembre de 1948

Era mucho más fácil responsabilizar al general Matsui, ya que era el comandante de los esfuerzos en Nankín y había estado presente mientras duraron las atrocidades. El general Matsui había sido ciertamente el comandante de las tropas, pero había estado demasiado enfermo para dirigirlas en la ciudad. Sin embargo, esto no le eximía de las atrocidades, ya que sabía lo que estaba ocurriendo y no lo impidió. Los ataques duraron seis semanas, incluso cuando los extranjeros de la Zona de Seguridad pidieron repetidamente la intervención. Hirota fue el responsable de la respuesta, y optó por no hacer nada durante más de un mes.

Las veintiocho personas acusadas fueron condenadas. Siete de ellos (incluyendo a Matsui y Hirota) fueron condenados por los delitos más graves y fueron sentenciados a la horca. Los demás japoneses condenados recibieron penas de cárcel. Dos de los veintiocho hombres murieron antes de que terminara el tribunal y uno fue declarado demente.

Los siete hombres fueron ejecutados el 23 de diciembre de 1948.

Los juicios han sido muy criticados, especialmente teniendo en cuenta las atrocidades que tuvieron lugar en Nankín. Los críticos (especialmente los chinos) consideraron que no se responsabilizó a suficientes personas y que los juicios parecían más un espectáculo que una forma de responsabilizar a los japoneses. Los juicios comparables contra los alemanes incluyeron 199 acusados y 161 condenas, con 37 criminales condenados a muerte por sus crímenes. En comparación, los japoneses parecían haberse librado de algunos de los peores crímenes de guerra de la historia moderna.

Esta aparente parcialidad fue probablemente el resultado de que los líderes estadounidenses quisieran empezar a implantar la democracia en Japón con una resistencia mínima. Una vez terminada la Segunda Guerra Mundial, ya no consideraban a los japoneses como sus enemigos, sino a los chinos y a los soviéticos. Esto probablemente desempeñó un papel importante en la falta de convicciones. No querían alienar a los japoneses. Los estadounidenses también desempeñaron un papel importante en el establecimiento de la educación durante su ocupación, y las atrocidades cometidas por los japoneses se omitieron en gran medida del plan de estudios.

John Rabe

El papel que desempeñó John Rabe durante la preparación de la llegada del Ejército Imperial hasta los acontecimientos de la posguerra parece una contradicción para la mayoría de la gente. Solo estuvo en Nankín para trabajar como profesor. Trabajaba para la empresa alemana Siemens y, en 1931, ayudaba a establecer líneas telefónicas en toda la ciudad. Él y su familia vivían en una cómoda casa que con el tiempo se ubicaría en la Zona de Seguridad. En 1934, Rabe puso en marcha una escuela de alemán, que tenía en su casa. Mientras presidía el consejo escolar, se hizo miembro del Partido Nazi (no había vivido en Alemania desde 1908). Se mantendría fiel al partido durante toda la guerra, pero es muy probable que no tuviera ni idea de lo que el partido estaba haciendo en Europa, ya que no había estado en Alemania en décadas. Izaba la bandera nazi con orgullo en su casa y en su escuela y también tenía una bandera nazi sobre su coche. Probablemente, Rabe habría sido una figura fácilmente identificable en la ciudad incluso antes de que se hiciera evidente que se avecinaba una guerra.

Rabe había optado por quedarse en la ciudad y había desempeñado un papel decisivo a la hora de garantizar el establecimiento de la Zona de Seguridad antes de la llegada del Ejército Imperial. Trabajó activamente para proteger a los soldados que intentaban esconderse de los japoneses, especialmente cuando se hizo evidente que todos ellos serían ejecutados. No se puede exagerar el papel de Rabe en la ayuda al pueblo, y parecía que su misión era mantenerlo a salvo. La correspondencia que envió se utilizaría para ayudar a condenar a oficiales y líderes militares japoneses, incluso mientras el Partido Nazi estaba siendo responsabilizado por sus atrocidades en Europa.

Una vez disuelta la Zona de Seguridad, la empresa Siemens le dijo que retornara a casa. Habían oído hablar de cómo había dirigido a la gente dentro de la zona, y es posible que quisieran que asumiera un papel de liderazgo dentro de la empresa. No recibió tal papel, pero sí dio conferencias sobre lo que había visto, incluyendo fotografías y películas que los japoneses no habían conseguido quitarle. La Gestapo alemana lo detuvo cuando regresó a Berlín, y solo gracias a la intervención de Siemens pudo conservar sus pruebas.

Cuando terminó la Segunda Guerra Mundial, Rabe fue denunciado por su participación en el Partido Nazi. La agencia soviética encargada de hacer cumplir la ley, llamada NKVD, lo detuvo por ello. Le investigaron, pero cuando eso terminó, le dieron de baja. Desgraciadamente, al poco tiempo lo pusieron en libertad y el ejército británico lo detuvo. Volvió a pasar por el mismo proceso y finalmente fue dado de baja. Alrededor de un año después de que terminara la guerra en Europa, los Aliados declararon que había sido "desnazificado" con éxito, pero no le dieron su pensión completa. Los últimos años de su vida, Rabe fue relativamente pobre, y solo gracias a los paquetes que el gobierno chino le enviaba, junto con alguna recompensa, pudo seguir adelante. Murió en enero de 1949 a la edad de sesenta y cinco años. Fue enterrado en Berlín, donde alemanes y chinos siguen visitando la tumba para recordarlo. Su lápida fue trasladada posteriormente al Monumento a la Masacre de Nankín.

Capítulo 18 - La sala conmemorativa de las víctimas en Nankín

Aunque los sucesos de aquellas seis semanas fueron bastante documentados, se ignoraron en gran medida durante décadas. Sin embargo, los supervivientes chinos no olvidaron lo ocurrido. El gobierno municipal de Nankín construyó un monumento conmemorativo para las víctimas en 1985 en Jiangdongmen (uno de los lugares donde se llevaron a cabo las ejecuciones masivas y se enterraron los cuerpos). Se llamó Sala Conmemorativa de las Víctimas de la Masacre de Nankín por los Invasores Japoneses.

El monumento se amplió en 1995, y de nuevo entre 2005 y 2007, y en la actualidad ocupa setenta y cuatro mil metros cuadrados. La parte exterior del monumento cuenta con exposiciones que reflejan la indignación y el dolor que causó el periodo, e incluye representaciones tanto de la vida como de la muerte, con estatuas y tallas que representan las escenas de las vidas perdidas entre los hermosos cipreses y pinos. Uno de los monumentos incluye un grabado de la fecha en que los japoneses entraron en la ciudad y la fecha en que salieron, a finales de enero del año siguiente. Otro monumento de mármol incluye algunos de los nombres de las víctimas, así como la cifra de 300.000, que es una de las estimaciones más comunes del número de chinos que fueron asesinados en Nankín. Los visitantes pueden pasear entre los monumentos al aire libre para reflexionar sobre cómo tantas personas perdieron la vida sin sentido a manos del ejército invasor japonés.

Las exposiciones se dividen en tres partes: una exposición al aire libre para la reflexión, los huesos de algunas de las víctimas y documentos históricos de la época.

Los huesos se excavaron en la zona cuando se hizo el monumento. Esta parte de la exposición incluye los ataúdes en los que descansan los huesos. Se encontraron más de doscientos huesos durante una excavación realizada en 1998. Una segunda zona es parcialmente subterránea y muestra unos mil objetos que recuerdan las tragedias ocurridas durante ese breve periodo de tiempo. En las paredes se exponen imágenes tomadas durante los acontecimientos de ese periodo de seis semanas. También hay documentales de películas que detallan cómo era la vida de los ciudadanos de Nankín que quedaron atrapados en la ciudad.

Para el 70º aniversario de la llegada de los japoneses a la ciudad (13 de diciembre de 2007), se abrió al público una nueva sala. Esta parte del monumento se construyó con el aspecto de la proa de un barco, como forma de representar "el barco de la paz". Cuando una persona mira la nueva adición de perfil, parece más bien un sable roto. Cuando se mira directamente hacia abajo, el monumento parece una espada que se transforma en una reja de arado.

El objetivo del monumento es recordar a los que murieron y lo que se puede hacer durante la guerra, y cómo la gente, que en su país sería reacia a matar una serpiente en su jardín, puede llegar a ser frenética. Intenta educar a la gente, no para mantener la animosidad hacia la nación que perpetró los crímenes, sino para recordar a la gente que no puede dejar que se repita. Dado que algunas personas intentan negar que se produjera tal acontecimiento o afirman que no fue tan grave como dicen los chinos, es una forma de mostrar que los hechos no fueron invenciones de la imaginación de nadie, sino relatos reales de lo ocurrido.

En última instancia, el gran monumento intenta recordar a la gente que el mundo no está tan lejos de algunas de las peores atrocidades que ha visto. Se trata más bien de prevenir a través de la educación, además de servir como forma de honrar y recordar a quienes perdieron la vida.

Capítulo 19 - Cómo se informó de las atrocidades y las controversias resultantes

En las décadas transcurridas desde 1938, la violación de Nankín ha sido revisada por los supervivientes, los perpetradores y las naciones de todo el mundo.

Cómo informó Estados Unidos de la violación de Nankín

En EE. UU., los horrores de Shanghái y Nankín se utilizarían para ayudar a despertar el sentimiento contra los japoneses (esto ocurrió unos años antes de que Pearl Harbor uniera a la nación contra las Potencias del Eje). Los estadounidenses vivían en Shanghái y Nankín, y se encontraban entre las personas que enviaron noticias a sus familias, a la embajada japonesa y a otras figuras gubernamentales con la esperanza de que se hiciera algo para evitar que la tragedia se desarrollara en Nankín. El diplomático estadounidense en la ciudad informó a Estados Unidos de lo que había escuchado de los testigos. Sin embargo, fueron los periodistas estadounidenses que decidieron quedarse los que informaron a las agencias de noticias de Estados

Unidos, detallando cómo comenzó la carnicería y cómo se mantuvo durante lo que parecía una eternidad. Los días se sucedían mientras los soldados japoneses mataban indiscriminadamente, y los gritos de las mujeres secuestradas, violadas y asesinadas eran una parte constante del ruido de la ciudad.

Estaban presentes reporteros de varias agencias de noticias estadounidenses y británicas importantes, como Archibald Trojan Steele (*Chicago Daily News*), Frank Tillman Durdin (*New York Times*), Arthur von Briesen Menken (*Paramount Newsreel*), Leslie C. Smith (Reuters) y Charles Yates McDaniel (Associated Press). Estos cinco reporteros empezaron a enviar información sobre lo que vieron, aunque no pudieron enviar nada durante los peores momentos de la masacre. Su objetivo era dar a conocer al resto del mundo los crímenes que los japoneses estaban perpetrando al comenzar la segunda guerra sino-japonesa.

Steele había salido de Shanghái en el USS *Oahu* y regresó al barco después de presenciar las atrocidades de aquellos primeros días. Consiguió convencer al operador de radio del cañonero para que enviara un cable a Chicago. El 15 de diciembre de 1937, el *Chicago Daily News* publicó la historia, escribiendo: «La caída de Nankín es una historia de pánico y confusión indescriptibles entre los defensores chinos atrapados, seguida de un reino de terror por parte del ejército conquistador que costó miles de vidas, muchas de ellas inocentes». Esto fue solo dos días después de que los japoneses entraran en la ciudad, pero su comportamiento ya había horrorizado a quienes lo presenciaron. Menken no tardó en enviar su propio informe al *Seattle Daily Times* desde el mismo barco.

Los otros tres periodistas encontraron otras formas de enviar por cable sus propios informes a sus respectivos empleadores. Desde el principio de las atrocidades, hubo testigos que informaron a los medios de comunicación, lo que hizo imposible que los japoneses controlaran la narrativa en el resto del mundo. Algunos de estos reporteros seguirían informando de lo que habían visto incluso después de abandonar Nankín. Otros estadounidenses (que no pertenecían a ninguna agencia de noticias) también continuaron enviando informes desde la ciudad. Al no poder salir, siguieron registrando lo que veían, y finalmente encontraron la forma de hacer llegar su información al mundo.

Muchos de los occidentales trataron de hacer llegar sus informes, pero los informes que llegaban a Europa no eran tan sensacionales, ya que el continente ya estaba tenso por las acciones de Alemania a finales de la década de 1930. Algunas de las historias de los Estados Unidos fueron reportadas en Europa. Tampoco todos los reporteros eran estadounidenses, aunque sus historias se publicaron en varios continentes.

Cómo informó Japón de los sucesos de Nankín

Debido al estricto control que ejercían sobre el comportamiento de sus soldados, el ejército y el gobierno japoneses se aseguraron de que no se informara de las atrocidades. La noticia de lo que estaba ocurriendo en Nankín llegó rápidamente a las autoridades japonesas, ya que los occidentales que se habían quedado enviaron mensajes tanto a los japoneses como a sus propias naciones con la esperanza de que alguien pusiera fin a las atrocidades.

Los soldados estaban demasiado avergonzados para hablar de lo que habían hecho incluso años después de los hechos. Cuando hablaban, a menudo parecían ajenos a los acontecimientos, como si supieran cómo iban a ser juzgados por sus acciones.

Aunque los ciudadanos japoneses estaban al tanto de los acontecimientos del tribunal, no se les detalló todo el alcance de los crímenes de guerra y contra la humanidad. Esto tendría algunas repercusiones graves más adelante, ya que los civiles japoneses seguirían ignorando los acontecimientos. Debido a esto, algunos estarían menos dispuestos a creer los detalles registrados. Al igual que los alemanes que no habían visto las atrocidades llevadas a cabo por los nazis no creerían los informes, los japoneses no podían ver cómo sus militares harían algo tan atroz. La diferencia fue la forma en que las dos potencias del Eje acabarían enseñando a sus generaciones más jóvenes sobre la Segunda Guerra Mundial. Hoy en día, las escuelas alemanas destacan lo importante que es recordar lo que hicieron para que ellos (o cualquier otra persona) no lo vuelvan a hacer. En comparación, muchos ciudadanos japoneses conocen la tragedia ocurrida en Nankín, pero no entienden ni creen en todo el alcance de lo ocurrido. Estados Unidos no ayudó, ya que no adoptó un enfoque similar al de los alemanes a la hora de enseñar a los japoneses, a pesar de que Estados Unidos controlaba casi todos los aspectos de la vida japonesa durante la ocupación. Sin embargo, el plan de estudios alemán que siguió a la guerra contó con muchas aportaciones de las naciones que Alemania había atacado, por lo que es comprensible que fueran más transparentes y precisos en la representación de su papel.

El Partido Nazi había adoptado un enfoque muy similar para enmascarar sus atrocidades, pero los dos enfoques tan diferentes para educar a las futuras generaciones darían lugar a dos percepciones muy distintas de la guerra.

El reconocimiento japonés de sus crímenes

El gobierno japonés no se ha enfrentado del todo a su historia como lo hicieron los alemanes (aunque se puede argumentar que los alemanes tuvieron mucha más presión para hacerlo después de la Segunda Guerra Mundial). Japón ni siquiera reconoció públicamente lo ocurrido hasta 1972. El primer ministro Kakuei Tanaka emitió una declaración a la República Popular China en la que decía: «[Somos] muy conscientes de la responsabilidad por los graves daños que Japón causó en el pasado al pueblo chino a través de la guerra, y lo reprocha profundamente». No fue una disculpa y no reconoció ninguno de los hechos por los que se decía que Japón se reprochaba a sí mismo.

En la década de 1980, el emperador Hirohito se dirigió al presidente surcoreano Chun Doo Hwan para expresarle su arrepentimiento personal. «Es realmente lamentable que haya habido un pasado desafortunado entre nosotros durante un periodo de este siglo y creo que no debería repetirse de nuevo». Más adelante, el primer ministro japonés, Yasuhiro Nakasone, expresaría un pesar similar por lo sucedido al «desencadenarse el ultranacionalismo y el militarismo desenfrenados, y la guerra que trajo una gran devastación a la población de muchos países del mundo y también a nuestro país».

Para el 50º aniversario del inicio de la guerra (agosto de 1995), el primer ministro japonés emitió la primera declaración oficial de arrepentimiento de Japón, diciendo que los japoneses debían expiar lo que habían hecho en el pasado. Desde entonces se han emitido varias disculpas más, siendo la más reciente la del primer ministro Shinzo Abe. Con su última disculpa, Abe expresó su deseo de dejar de pedir perdón, diciendo: «No debemos dejar que nuestros hijos, nietos e incluso las generaciones venideras, que no tienen nada que ver con esa guerra, estén predestinados a pedir perdón». Tras esto, sí dijo que los ciudadanos japoneses debían ser conscientes de su pasado, aunque no debían seguir pidiendo perdón por él.

Controversias

Al igual que hay quienes niegan el Holocausto hoy en día, hay personas que niegan que los acontecimientos de Nankín ocurrieran o que no fueran tan horribles como algunos afirman. Además de que algunos afirman que las imágenes fueron manipuladas para hacer que los japoneses parecieran peores, hay quienes afirman que los informes sobre Nankín estaban específicamente sesgados contra los japoneses. En las últimas décadas, los negacionistas han calificado los libros y otros medios de comunicación que hablan de las atrocidades como propaganda destinada a poner a la gente en contra de los japoneses.

Si bien muchas de las filmaciones e imágenes eran auténticas, algunas fueron manipuladas o completamente falsificadas por los chinos y los estadounidenses. Dado que antes de la guerra vivían 200.000 personas en Nankín, los informes sobre la muerte de más de 300.000 personas son cuestionables. Hubo soldados y otras personas que se refugiaron en la ciudad, pero no toda la población china de la ciudad fue asesinada (aunque sí una parte importante de la población, como demostró la investigación inmediata). Es posible que algunos sucesos de la Masacre de Nankín fueran exagerados, pero ese es el problema. Es posible que se hayan exagerado las cifras y algunos sucesos, pero incluso los propios soldados japoneses y sus propias fotografías demuestran que las atrocidades fueron muy reales. Demasiados informes de los occidentales neutrales que se encontraban en la ciudad, en particular las súplicas del propio John Rabe, mostraban que se trataba de un capítulo de pesadilla en la historia de la ciudad.

Los sucesos de Nankín definitivamente ocurrieron, pero también es fácil entender la preocupación de que se intentara crear una ola de sentimiento antijaponés. Durante la Segunda Guerra Mundial, Estados Unidos estableció sus propios campos de concentración para los japoneses-estadounidenses; no hubo campos de este tipo para los alemanes. En Europa, los informes de Nankín hicieron que muchos europeos fueran muy antijaponeses. Esto es más bien un síntoma de otro problema. A pesar de que los alemanes han enseñado a sus ciudadanos los horrores que cometieron los nazis, los alemanes fueron vilipendiados durante décadas después de la Segunda Guerra Mundial. Cualquier cosa asociada a los alemanes era tratada como peligrosa. Por ejemplo, los pastores alemanes, los Doberman Pinschers y los Rottweilers habían sido durante mucho tiempo razas deseables, pero esto cambió después de la Segunda Guerra Mundial. Aunque son grandes perros guardianes, sus raíces alemanas vilipendiaron estas razas. Se les describía como perros peligrosos que eran más propensos a matar a la gente. Por ello, figuraban (y siguen figurando) en las listas de razas de perros prohibidas en diferentes comunidades del mundo. Este tipo de demonización de un pueblo no es anormal, ya que ha ocurrido una y otra vez en la historia. Por lo tanto, es fácil entender la preocupación de que detallar las atrocidades pueda poner a la gente en contra de toda una nación. En muchas otras naciones asiáticas sigue existiendo un sentimiento bastante antijaponés incluso hoy en día.

Sin embargo, es importante adoptar un enfoque similar al del memorial de Nankín. La historia debe enseñarse de forma precisa e instructiva. No debería utilizarse para justificar futuras atrocidades o prejuicios. Negar que algo ocurrió es tan perjudicial como utilizar la historia para vilipendiar a todo un pueblo.

Todas las naciones son culpables de atrocidades contra otros grupos de personas, incluso en la actualidad. La rendición de cuentas y la exactitud son importantes para una educación adecuada que evite masacres similares en el futuro.

Conclusión

Durante la segunda guerra sino-japonesa, Japón intentó expandir su imperio por el continente asiático. Al igual que sus aliados alemanes, los japoneses experimentaban una forma de nacionalismo especialmente violenta, ya que muchos creían que eran superiores a todas las demás naciones asiáticas y los militares japoneses insistían especialmente en que ninguna otra nación podría derrotarles. Gran parte de esto podría atribuirse al éxito que habían tenido en la lucha contra China y Rusia, y esto probablemente les ayudó a empezar a ver a las personas de otras naciones como inferiores.

Su deshumanización daría lugar a una de las peores atrocidades de la guerra cuando los japoneses decidieron invadir Nankín. A medida que se abrían paso por el continente, los militares japoneses no diferenciaban entre la gente del ejército chino y los ciudadanos chinos. En ese momento, la capital de China era Nankín, lo que la convertía en un objetivo obvio para un ataque japonés. El gobierno chino inició una evacuación, sacando a muchas de sus figuras más importantes de la ciudad antes de que los japoneses la alcanzaran, pero muchos ciudadanos no pudieron escapar.

Cuando los japoneses llegaron a Nankín en diciembre de 1937, iniciaron inmediatamente una masacre increíble. La barbarie que se aplicó contra los chinos indicaba que los japoneses ni siquiera veían a los ciudadanos como personas. Poner a la gente en fila y masacrarla en una grotesca competición, violar a los ciudadanos antes de matarlos, saquear las casas de las personas que mataban y destruir más de un tercio de los edificios de la ciudad fueron algunos de los actos más atroces de los militares japoneses, pero hubo muchas otras atrocidades que promulgaron contra los civiles. Se extendieron para destruir las ciudades de los alrededores, asegurándose de que nadie se enfrentara a ellos cuando establecieron la ciudad como capital de su gobierno títere.

Cuando la Segunda Guerra Mundial terminó, los hombres que ordenaron los ataques fueron juzgados y condenados por crímenes de guerra, pero esto no compensó las acciones que habían realizado. Una de las razones por las que se creó el Monumento a la Masacre de Nankín fue para recordar las vidas que se perdieron sin sentido durante ese periodo de seis semanas. Las atrocidades de Nankín fueron tan horribles como las tragedias del Holocausto, pero hasta hace poco no se había hablado tanto de ellas. Es importante recordar este tipo de atrocidades para que la gente sea consciente y no se cometan atrocidades similares en el futuro.

Vea más libros escritos por Captivating History

Bibliografía

10 Facts about the Second Sino-Japanese War, Sophie Gee, HistoryHit, octubre 23, 2020, www.historyhit.com/

A Question of Morality: John Rabe, Facing History and Ourselves, abril 11, 2021, www.facinghistory.org/

An Epidemic in Lu Chow Fu – A Glimpse of Mission Work in 1900's China, China Change, febrero 20, 2012, chinachange.org/2012/02/20/

Brief History of Nankín, XU Chengyan, ISLS Organizing Committee, marzo 5, 2017, www.nfls.com.cn/isls/

Bushido: The Ancient Code of the Samurai Warrior, Edward Drea, Greg Bradsher Robert Hanyok, James Lide, Michael Petersen, Daqing Yang, marzo 22, 2021, Nazi War Crimes and Japanese Imperial Government Records Interagency Working Group, Washington DC, www.archives.gov/

Did It Really Help to Be a Japanese Colony? East Asian Economic Performance in Historical Perspective, Anne Booth, mayo 2, 2007, The Asia-Pacific Journal, apjjf.org/-Anne-Booth/2418/article.html

First Sino-Japanese War, Editors of Encyclopedia Britannica, Encyclopedia Britannica, marzo 1,

2021, https://www.britannica.com/event/First-Sino-Japanese-War-1894-1895

How Japan Tried to Save Thousands of Jews from the Holocaust, Kevin McGeary, marzo 28, 2019, Los Angeles Review of Books China Channel, chinachannel.org/

Iris Chang, The Rape of Nankín: The Forgotten Holocaust, diciembre 1991, Basic Books

Japan, China, the United States and the Road to Pearl Harbor, 1937-41, Office of the Historian, Foreign Service Institute, United States Department of State, marzo 1, 2021, https://history.state.gov/milestones/1937-1945/pearl-harbor

Japanese Crimes in Nankín, 1937-38: A Reappraisal, Jean-Louis Margolin, OpenEdition Journals. Consultado el 2 de enero de 2021, journals.openedition.org/

Japanese Imperialism and the Road to War, Facing History and Ourselves, marzo 1, 2021, https://www.facinghistory.org/resource-library/teaching-Nankín-atrocities/japanese-imperialism-and-road-war

Nankín Massacre: Chinese History, The Editors of Encyclopedia Britannica, Britannica, marzo 2, 2021, www.britannica.com/event/Nankín-Massacre

Researching Japanese War Crimes, Edward Drea, Greg Bradsher Robert Hanyok, James Lide, Michael Petersen, Daqing Yang, marzo 22, 2021, Nazi War Crimes and Japanese Imperial Government Records Interagency Working Group, Washington DC, www.archives.gov/

Second Sino-Japanese War, Editors of Encyclopedia Britannica, Encyclopedia Britannica, marzo 1, 2021, https://www.britannica.com/event/Second-Sino-Japanese-War

Seeds of Unrest: The Taiping Movement, Facing History and Ourselves, marzo 2, 2021, www.facinghistory.org/Nankín-atrocities/

Shanghai 1937: This Is China's Forgotten Stalingrad, Michael Peck, mayo 30, 2016, The National Interest, nationalinterest.org/

Sino-Japanese Relations: Issues for U.S. Policy, Emma Chanlett-Avery, Kerry Dumbaugh, William H.
Cooper, Congressional Research Service, diciembre 19, 2008, https://fas.org/sgp/crs/row/R40093.pdf

The Marco Polo Bridge Incident, Kallie Szczepanski, noviembre 17, 2019, Thought Co., www.thoughtco.com/

The Nankín Massacre: A Japanese Journalist Confronts Japan's National Shame, Honda Katsuichi, 1999, M.E. Sharpe, Taylor & Francis

The Nankín Massacre, 1937, Kallie Szczepanski, Thought Co, marzo 6, 2017, www.thoughtco.com/

The Rape of Nankín or Nankín Massacre (1937), Historical Work Material, marzo 3, 2021, www.pacificwar.org.au/

The Story of the Royal Ulster Rifleman and the Battle of Shanghai, History, marzo 20, 2021, Sky History, www.history.co.uk/

War Zone – City of Terror: The Japanese Takeover of Shanghai, Military History Matters, febrero 8, 2013, Currently Publishing, www.military-history.org/

What Motivated Japanese Aggression in World War II?, Kallie Szczepanski, julio 27, 2019, Thought Co, www.thoughtco.com/

Who Were the Comfort Women? The Establishment of Comfort Stations, Digital Museum, marzo 22, 2021, Asian Women's Fund, www.awf.or.jp/e1/facts-01.html

Why Japanese Forces Showed "No Mercy" during the Fall of Shanghai, Warfare History Network, mayo 10, 2020, The National Interest, nationalinterest.org/

The Nanjing Atrocities Reported in the U.S. Newspapers, 1937-38, Suping Lu, abril 12, 2021, Readex, www.readex.com/

International Military Tribunal for the Far East: Judgement of 4 Noviembre 1948, John Pritchard, Sonia M. Zaide, Vol. 22, Abril 12, 2021, crimeofaggression.info/documents/6/1948_Tokyo_Judgment.pdf

Memorial Hall to the Victims in the Nankín Massacre, Travel China Guide, Abril 8, 2021, www.travelchinaguide.com/

First Battle of Shanghai; 28 Jan 1932 - 8 Mar 1932, C. Pen Chen, marzo 20, 2021, World War II, ww2db.com/

Second Battle of Shanghai; 13 Aug 1937 - 9 Nov 1937, C. Pen Chen, marzo 20, 2021, World War II, ww2db.com/

The Shanghai Incident, 1932, PE Matt, febrero 7, 2015, Pacific Eagles WWII Pacific War Combat, pacificeagles.net/

Samurai and Bushido, History.com Editors, agosto 21, 2018, History, www.history.com/

Nankín Massacre, History.com Editors, junio 7, 2019, History.com, www.history.com/

Japanese War Crimes Trial Begins, History, julio 28, 2019, A&E Television Networks, www.history.com/

The First Sino-Japanese War, Kallie Szczepanski, octubre 17, 2019, Thought Co, www.thoughtco.com/

A Brief History of Manchuria, Kallie Szczepanski, enero 5, 2020, Thought Co., www.thoughtco.com/

Credibility and End of the League, The National Archives, marzo 19, 2021, www.nationalarchives.gov.uk/

Japan-China Friendship Office, Rawfish-Maguro, MIT, marzo 1, 2021, http://www.mit.edu/course/17/17.s21/maguro.old/friends_home.html

Nankín History, Travel China Guide, March 1, 2021, www.travelchinaguide.com/

Sino-Japanese War: WW2, Sky History, AE Networks, marzo 3, 2021, www.history.co.uk/

The Second Sino-Japanese War, Alpha History, marzo 3, 2021, alphahistory.com/

BRIA 18 3b The "Rape of Nankín," Constitutional Rights Foundation, Abril 11, 2021, Civics Renewal Network, www.crf-usa.org/bill-of-rights-in-action/

Japanese Invade Manchuria, History Central, marzo 19, 2021, www.historycentral.com/

Battle of Shanghai, Yuen, Tony, Iris, marzo 20, 2021, Nankín Massacre: The Untold Story, depts.washington.edu/

The Road to Nankín, Walter Zapotoczny Jr., marzo 21, 2021, Warfare History Network, warfarehistorynetwork.com/

Wang Jingwei, Your Dictionary, abril 2021, https://biography.yourdictionary.com/

Geneva Conventions: 1864-1977, Malcom Shaw, Abril 11, 2021, Britannica, www.britannica.com/

Nankín Massacre, Wikipedia, abril 11, 2021, www2.gvsu.edu/

www.ingramcontent.com/pod-product-compliance
Lightning Source LLC
LaVergne TN
LVHW011843060526
838200LV00054B/4147